福建省社会科学普及出版资助项目说明

福建省社会科学普及出版资助项目由福建省社会科学界联合会策划组织和资助出版，是面向社会公开征集的大型社会科学普及读物，旨在充分调动社会各界参与社会科学普及的积极性、创造性，推动社会科学普及社会化、大众化，为社会提供更多更好的社会科学普及优秀作品。

案说民法典时代的婚姻与家庭

姜大伟 主编

海峡出版发行集团 THE STRAITS PUBLISHING & DISTRIBUTING GROUP | 福建人民出版社 FUJIAN PEOPLE'S PUBLISHING HOUSE

《案说民法典时代的婚姻与家庭》编写组

主　　编：姜大伟

撰 写 者：姜大伟　康凯悦　曹　阳　徐结金

蔡超杰　吴卓婧　刘汗青

音频制作：黄丽娟　杨紫嫣　陈炜婷

目　录

第一章　结婚

1. 结婚时未达法定婚龄，起诉时已届法定婚龄的婚姻是否有效？

【要点提示】

结婚时未达法定婚龄，属于法定婚姻无效事由之一。但当事人向法院请求确认婚姻无效时，如男女双方均已届法定结婚年龄，早婚这一婚姻无效事由消失，则该婚姻有效。

【典型案例】

吴某（男）与杨某（女）系大学同学，二人在一次志愿服务活动中相识。由于工作上配合默契，生活中志趣相投，双方迅速确立了恋爱关系。随着感情不断升温，双方于2017年9月办理结婚登记，并一同搬离宿舍，在校外租房生活。2019年12月，杨某因意外怀孕，生下一子吴甲。吴甲的出生，给吴某和杨某的生活带来了巨大影响。二人不仅难以平衡学业与家庭生活，而且仅凭双方的能力，无法承担抚育吴甲的重任。在生活的重压下，双方开始互相责怪，争吵日渐频繁，吴某更是时常借酒浇愁，夜不归宿。2020年7月，杨某向人民法院起诉，以吴某结婚时未达法定婚龄为由，请求法院确认其与吴某的婚姻无效。经审理查明，吴某的实际出生日期是1997年5月16日，办理结婚登记时，吴某年仅20周岁，结婚证是双方通过伪造身份证件的方式骗取的。

【案情分析】

本案的争议焦点是：吴某与杨某的婚姻是否有效？

《民法典》第1047条规定：“结婚年龄，男不得早于二十二周岁，女不得早于二十周岁。”法定结婚年龄是男女双方结婚需要达到的最低年龄，属于结婚的实质要件之一。只有双方均符合法定最低年龄条件，方可选择是否结婚以及何时结婚。本案中，吴某与杨某办理结婚登记时，吴某仅20周岁，虽已成年，但尚未达到法定结婚年龄。二人本不得结婚，却通过伪造证件的方式骗取结婚登记，违反了法律禁止性规定。《民法典》第1051条规定：“有下列情形之一的，婚姻无效：（一）重婚；（二）有禁止结婚的亲属关系；（三）未到法定婚龄。”吴某办理结婚登记时未达法定结婚年龄，不符合结婚的年龄条件，吴某与杨某的婚姻无效。

未满法定婚龄缔结的婚姻，因其违法而不受法律保护，但从尊重和保护身份关系的安定性以及家庭生活的稳定性角度出发，当该婚姻的违法性因当事人年龄符合法定婚龄而消失时，应当承认婚姻的有效性。最高人民法院《关于适用〈中华人民共和国民法典〉婚姻家庭编的解释（一）》（以下简称“《婚姻家庭编的解释（一）》”）第10条规定：“当事人依据民法典第一千零五十一条规定向人民法院请求确认婚姻无效，法定的无效婚姻情形在提起诉讼时已经消失的，人民法院不予支持。”本案中，杨某于2020年7月才请求法院确认婚姻无效，此时吴某与杨某均已达到法定结婚年龄，婚姻无效事由消失。换言之，婚姻中的违法性消除，因此吴某与杨某的婚姻有效。倘若吴某与杨某感情确已破裂，无法共同生活，二人可以协议离婚或者诉讼离婚。

2. 姑表兄妹间缔结的婚姻是否有效？

【要点提示】

根据我国亲属间的“代数”计算方法，姑表兄妹属于法律禁止结婚的三代以内旁系血亲。双方结婚既有违优生优育原则，也破坏家庭伦理秩序，其缔结的婚姻无效。

【典型案例】

赵某（男）与孙某（女）自幼相识，感情深厚。双方于2016年9月办理结婚登记，不久后育有一女赵甲。2018年12月，赵某染上赌瘾，致使家庭经济遭受严重损失，孙某数次劝诫，赵某均置之不理。此后，赵某愈加频繁地外出赌博，时常数月不归，夫妻二人因此争吵不断，家庭矛盾达到无法调和的地步。2019年11月，孙某向人民法院提起诉讼，以自己与赵某是法律禁止结婚的亲属关系为由，请求法院确认其与赵某的婚姻无效。经审理查明，赵某之父（赵乙）与孙某之母（赵丙）是同胞兄妹，赵某与孙某系姑表兄妹关系。

【案情分析】

本案的争议焦点是：赵某与孙某的婚姻是否有效？

《民法典》第1048条规定："直系血亲或者三代以内的旁系血亲禁止结婚。"根据我国亲属间的"代数"计算方法，赵某、孙某本身计为一代，往上数至其各自父母计为二代，再往上赵某之父与孙某之母共同的父母为三代，也就是数至赵某孙某双方的同源血亲，代数计算终止。由此可见，本案中，赵某与孙某是姑表兄妹关系，属于法律禁止结婚的三代以内旁系血亲。二人依法本不得结婚，却违反法律禁止性规定缔结婚姻关系。《民法典》第1051条规定："有下列情形之一的，婚姻无效：（一）重婚；（二）有禁止结婚的亲属关系；（三）未到法定婚龄。"赵某与孙某属于法律禁止结婚的亲属关系，该婚姻无效。

此外，基于优生优育以及维护家庭伦理秩序、社会伦理道德的角度考虑，赵某与孙某亦不得结婚。一方面，从遗传学的角度看，近亲可能带有相同隐性遗传致病基因，二者结婚所育后代患有遗传病的概率会增大。一旦其后代患有遗传疾病，将会极大增加家庭负担，降低家庭幸福感，同时也会影响人口素质。另一方面，近亲结婚会破坏中国传统文化强调的家庭伦理秩序，挑战社会大众伦理道德底线。《民法典》第8条规定："民事主体从事民事活动，不得违反法律，不得违背公序良俗。”公序良俗作为民法的基本原则之一，要求民事主体在实施民事法律行为时，维护公共秩序和善良风俗。婚姻家庭具有极强的伦理道德属性，更强调维护家庭伦理秩序。在一般社会公众的认知里，姑表兄妹间存在血缘关系，双方关系亲近，往来密切，属于亲属范畴。二者结婚既会破坏家庭伦理秩序，又会冲击社会大众固有的伦理道德观念。因此，姑表兄妹间不得结婚，其缔结的婚姻无效。

3. 夫妻一方婚前患有精神分裂症且婚后尚未治愈，该婚姻效力如何？

【要点提示】

基于婚姻自由原则，一方婚前患有重大疾病，应当在办理结婚登记前将疾病类型、严重程度等相关情况悉数告知另一方。未履行告知义务，则侵害了另一方的知情权，另一方有权在法律规定的期限内请求法院撤销婚姻。

【典型案例】

李某（男）与吴某（女）经相亲认识，于2020年6月办理结婚登记。婚后不久，李某发现，吴某经常自言自语、焦虑易怒，还时常与他人发生冲突。吴某将此解释为新工作压力过大，李某也不以为意。2021年1月，二人一同外出游玩。行车期间，吴某突然言语异常并抢夺方向盘，导致汽车撞上路边的围栏。李某见情况不妙，立即将吴某送至医院。医院诊断查明，吴某患有严重精神分裂症。诊断记录还显示，2017年至2019年间，吴某就因精神分裂症多次在该院住院治疗。吴某也承认自己婚前便患有精神分裂症，至今尚未治愈，2018年6月曾被残疾人联合会评定为精神残疾二级。李某认为，吴某婚前隐瞒患病事实，侵害自己的知情权，遂于2021年5月向人民法院提起诉讼，请求撤销其与吴某的婚姻。

【案情分析】

本案的争议焦点是：李某与吴某的婚姻效力如何？

首先，《民法典》第1053条规定："一方患有重大疾病的，应当在结婚登记前如实告知另一方；不如实告知的，另一方可以向人民法院请求撤销婚姻。请求撤销婚姻的，应当自知道或者应当知道撤销事由之日起一年内提出。"据此可知，如一方患有重大疾病，且婚前未履行告知义务，另一方享有在法定期限内撤销婚姻的权利。

其次，法律虽未明确规定重大疾病范围，但精神分裂症应属于《民法典》所指的重大疾病。《母婴保健法》第8条规定："婚前医学检查包括对下列疾病的检查：（一）严重遗传性疾病；（二）指定传染病；（三）有关精神病。……"第9条规定："经婚前医学检查，对患指定传染病在传染期内或者有关精神病在发病期内的，医师应当提出医学意见；准备结婚的男女双方应当暂缓结婚。"同时，该法第38条规定："……有关精神病，是指精神分裂症、躁狂抑郁型精神病以及其他重型精神病。……"由此可见，从医学角度看，精神分裂症患者应当暂缓结婚。同时，依照原《婚姻法》规定，患有医学上认为不应当结婚的疾病者禁止结婚。因此，精神分裂症患者依原《婚姻法》的规定，本不得结婚。然而，现行《民法典》已经不再禁止"患有医学上认为不应当结婚的疾病"患者结婚，只要求患有重大疾病的一方婚前履行告知义务即可，故精神分裂症应当属于《民法典》第1053条规定的重大疾病范围。

最后，本案中，吴某婚前患有严重精神分裂症，且至今尚未治愈。吴某本应在办理结婚登记前将真实病情告知李某，使李某在充分知情的情况下，基于真实意愿作出结婚与否的决定。但吴某婚前并未履行告知义务，侵害了李某的知情权。李某有权请求法院撤销其与吴某的婚姻，该婚姻经法院撤销后自始不具有法律约束力。

4. 一方遭受他人胁迫而违背真实意愿结婚，该婚姻效力如何？

【要点提示】

婚姻自由原则要求男女双方出于完全自愿而结婚。一方以给另一方当事人或者其近亲属的生命、身体、健康、名誉、财产等方面造成损害为要挟，迫使另一方当事人违背真实意愿与其结婚，构成婚姻胁迫。受胁迫一方有权在法律规定的期限内请求法院撤销婚姻。

【典型案例】

高某（男）与宋某（女）因某网络游戏相识，于2018年3月确立恋爱关系。2019年5月，宋某因炒股向高某借款5万元并承诺年底归还。借款到期后，宋某无力偿还，一直对高某避而不见。高某见多次追讨未果，便向宋某表示，只要宋某愿意与自己结婚就可以不偿还借款，遭宋某拒绝。2020年间，高某数次到宋某家中吵闹，并扬言宋某若不同意结婚，就将宋某“骗钱、骗感情”的行为公之于众，让其名誉扫地。高某还曾表示，要与宋某的家人同归于尽。宋某因而精神紧张、焦虑不安，被逼无奈下，遂于2020年6月与高某办理了结婚登记。婚后，宋某数次向高某提出离婚，高某均不同意，并持续威胁、殴打宋某。此种状态持续至2021年7月，宋某难以忍受，遂以高某实施婚姻胁迫为由，请求人民法院撤销其与高某之间的婚姻。

【案情分析】

本案的争议焦点是：高某与宋某的婚姻效力如何？

首先，婚姻自由是婚姻家庭法的基本原则。《民法典》第1046条规定：“结婚应当男女双方完全自愿，禁止任何一方对另一方加以强迫，禁止任何组织或者个人加以干涉。”宋某与高某缔结婚姻并非出于自愿，而是由于高某以损害其名誉及危害其家人生命相要挟，严重违背宋某本人的真实意愿。该婚姻的缔结缺乏自愿这一结婚的积极要件，违背婚姻自由原则。

其次，《民法典》第1052条规定："因胁迫结婚的，受胁迫的一方可以向人民法院请求撤销婚姻。请求撤销婚姻的，应当自胁迫行为终止之日起一年内提出。被非法限制人身自由的当事人请求撤销婚姻的，应当自恢复人身自由之日起一年内提出。"同时，《婚姻家庭编的解释（一）》第18条规定："行为人以给另一方当事人或者其近亲属的生命、身体、健康、名誉、财产等方面造成损害为要挟，迫使另一方当事人违背真实意愿结婚的，可以认定为民法典第一千零五十二条所称的'胁迫'。"据此可知，一方实施婚姻胁迫行为，被胁迫一方享有在法定期限内撤销婚姻的权利。

最后，本案中，高某构成婚姻胁迫。第一，高某明知其威胁手段会给宋某的心理造成恐惧，并且希望宋某基于这种恐惧而选择与其结婚，具有胁迫的故意。第二，高某对宋某实施了胁迫的行为。为逼迫宋某结婚，高某数次到宋某家中吵闹，并以宋某名誉以及其家人生命安全相威胁，胁迫范围不仅包括宋某本人，还涉及其近亲属。第三，宋某因其胁迫行为而精神焦虑，产生恐惧心理，这种恐惧足以在精神层面抑制宋某不愿结婚的真实意愿。第四，宋某不堪其扰，基于恐惧心理被迫选择与高某结婚，这一结果与高某的胁迫行为存在因果关系。因此，高某构成婚姻胁迫，宋某有权请求法院撤销其与高某的婚姻，该婚姻经法院撤销后自始不具有法律约束力。需要强调的是，宋某在2021年7月提起诉讼时，与高某办理结婚登记已逾1年，但婚后仍持续存在高某威胁、殴打宋某的事实，胁迫行为并未终止，宋某行使撤销权符合法定期间要求。

5. 当事人一方向法院提起确认婚姻无效之诉后能否请求撤诉？

【要点提示】

当事人应当在法律规定的范围内处分自己的诉讼权利，不得损害国家、集体和第三人的利益。请求确认婚姻无效之诉如涉及其他利害关系人的权益以及社会公共利益，一经法院受理后，当事人一方不得申请撤诉。

【典型案例】

张某（男）与颜某（女）经朋友介绍相识，于2008年5月确立恋爱关系。交往期间，双方相处融洽，同年8月自愿办理结婚登记。婚后，夫妻双方感情和睦，家庭幸福，不久后便育有一女张甲。2013年7月起，张某因工作原因须频繁出差，鲜少回家陪伴妻女，夫妻间的感情逐渐变淡，争吵亦日渐频繁。2019年4月，张某结识赵某，双方迅速确立了恋爱关系，并于次年5月办理结婚登记。2021年12月，赵某意外得知张某早已与他人结婚并育有孩子，认为张某欺骗自己感情，遂以重婚为由，请求人民法院确认其与张某的婚姻无效。在审理期间，张某向赵某保证其一定会与颜某离婚，二人和好如初。随后，赵某向法院申请撤诉，并拒绝参加庭审。

在本案的审理过程中，主要有两种不同的意见：一种意见认为，诉权是法律赋予当事人寻求司法救济的权利，当事人有权自由处分。因此，赵某可以放弃自己的权利，在宣判前请求撤销诉讼。另一种意见则认为，当事人应在法律规定的范围内行使诉权，不得损害国家、集体和第三人的合法权益。赵某与张某的婚姻构成重婚，严重违反一夫一妻制，损害社会公共利益。因此，法院受理确认婚姻无效案件后，赵某不得申请撤诉。

【案情分析】

本案的争议焦点是：赵某向法院提起确认婚姻无效之诉后能否请求撤诉？

《婚姻家庭编的解释（一）》第11条规定："人民法院受理请求确认婚姻无效案件后，原告申请撤诉的，不予准许。对婚姻效力的审理不适用调解，应当依法作出判决……"同时，《民事诉讼法》第148条规定："宣判前，原告申请撤诉的，是否准许，由人民法院裁定。人民法院裁定不准许撤诉的，原告经传票传唤，无正当理由拒不到庭的，可以缺席判决。”本案中，赵某以重婚为由，向法院提请确认婚姻无效之诉，该诉讼一经法院受理，赵某便不得申请撤诉，即使赵某此后拒绝参加庭审，该案仍将继续审理，并由法院依法作出判决。

此外，从无效婚姻的违法性以及社会危害性角度看，也不应允许赵某撤诉。《民法典》第1051条将重婚、有禁止结婚的亲属关系以及未到法定婚龄三种情形认定为无效婚姻，原因就在于该类婚姻具有极强的危害性，不仅涉及婚姻当事人，还会影响其他利害关系人的权益，甚至损害社会公共利益。本案中，张某在与颜某办理结婚登记后，又与赵某结婚，构成法律上的重婚，二人的婚姻不仅侵犯颜某在先存在的合法婚姻关系，还严重违反一夫一妻制度，危害社会秩序。赵某因张某的欺骗而与其缔结婚姻关系，自然有权行使诉权来寻求司法救济，但赵某撤诉的行为会损害国家、集体和第三人的利益。因此，赵某无权自由处分自己的诉讼权利，确认婚姻无效案件一经法院受理后，不得撤诉。

6. 夫妻离婚后继续共同生活，一方能否主张另一方同居期间与第三人的婚姻无效？

【要点提示】

有权请求法院确认婚姻无效的主体，仅限于婚姻当事人与利害关系人。以重婚为由请求确认婚姻无效，利害关系人包括当事人的近亲属及基层组织。夫妻离婚后继续共同生活，一方在同居期间与第三人结婚，另一方并非该婚姻效力纠纷的适格原告，无权请求法院确认该婚姻无效。

【典型案例】

黄某（男）与陈某（女）经人介绍相识，于2016年4月办理结婚登记。婚后，夫妻感情不和，时常因小事争吵。2017年9月，双方再次争吵，且不愿退让，气急之下便办理了离婚登记手续。后二人心生悔意，在未办理结婚登记的情况下，继续以夫妻名义共同生活，并育有一子黄甲。2020年3月，黄某因工作原因与郑某相识，二人志趣相投，相识3个月便登记结婚，并在与陈某同小区的另一栋楼居住。同年9月，陈某正好偶遇黄某与郑某，黄某见无法继续隐瞒，便将自己与郑某已办理结婚登记的实情告知陈某。陈某遂于同年12月向人民法院提起诉讼，以黄某重婚为由请求确认黄某与郑某的婚姻无效。

【案情分析】

本案的争议焦点是：陈某是否有权请求法院确认黄某与郑某的婚姻无效？

首先，为了维护婚姻家庭的稳定性，法律对有权请求法院确认婚姻无效的主体范围加以限制。《婚姻家庭编的解释（一）》第9条规定："有权依据民法典第一千零五十一条规定向人民法院就已办理结婚登记的婚姻请求确认婚姻无效的主体，包括婚姻当事人及利害关系人。其中，利害关系人包括：（一）以重婚为由的，为当事人的近亲属及基层组织；（二）以未到法定婚龄为由的，为未到法定婚龄者的近亲属；（三）以有禁止结婚的亲属关系为由的，为当事人的近亲属。"除上述法定主体外，他人均无权对婚姻效力提出异议。

其次，陈某并非本案婚姻效力纠纷的适格主体，无权干涉黄某与郑某的婚姻。第一，陈某以重婚为由，请求法院确认黄某与郑某的婚姻无效，讼争婚姻关系的当事人是黄某与郑某，陈某并非该婚姻当事人。第二，《民法典》第1045条第2款规定："配偶、父母、子女、兄弟姐妹、祖父母、外祖父母、孙子女、外孙子女为近亲属。"陈某与黄某已于2017年9月离婚，双方虽然继续共同生活，但不存在合法有效的婚姻关系，陈某不属于《民法典》第1045条规定的近亲属范畴。第三，陈某不属于基层组织人员。因此，陈某既非讼争婚姻的婚姻当事人，也非基层组织人员。对于黄某与郑某的婚姻效力纠纷，陈某主体不适格，无权提出异议。

最后，陈某不是本案的直接利害关系人，并非适格原告。《民事诉讼法》第122条规定：“起诉必须符合下列条件：（一）原告是与本案有直接利害关系的公民、法人和其他组织……”本案中，黄某与陈某离婚后继续共同生活，双方形成同居关系，这种关系不受法律保护。此后，黄某在共同生活期间与第三人郑某结婚，系三方间的感情纠纷。无论黄某与郑某的婚姻效力如何，均不会给陈某的合法权益造成直接影响。由此可知，陈某与讼争婚姻关系并不存在直接的利害关系。陈某可以就其与黄某同居期间所育子女的抚养及财产分割等问题寻求法律救济，但却无权干涉黄某与郑某的婚姻。

7. 婚姻被宣告无效后，男女双方同居期间形成的财产如何分割?

【要点提示】

婚姻被认定为无效后，自始不具有法律约束力。同居期间的财产，由双方当事人协商处理；无法协商一致时，应根据照顾无过错方的原则进行分割。除有证据证明为当事人一方所有的以外，按共同共有处理。

【典型案例】

韩某（男）与黄某（女）系初高中同学，二人一直往来密切，高中毕业后便一同外出打工。2018年6月，双方自由恋爱，于同年12月办理了结婚登记。婚后，夫妻双方经常因琐事争吵，家庭矛盾日积月累，最终，双方难以继续共同生活，黄某遂于2020年6月向人民法院提起诉讼，以结婚时韩某未达法定婚龄为由，请求法院确认其与韩某的婚姻无效，并对二人同居期间的财产进行分割。

经审理查明，双方办理结婚登记时，韩某未达法定婚龄，韩某与黄某通过伪造证件的方式取得结婚证，并且直至黄某起诉时，韩某仍未满法定结婚年龄。同时，韩某与黄某在共同生活期间形成如下财产：第一，2018年12月，韩某与黄某为方便上班，购买了一辆小汽车。庭审中，双方协商一致，该车归黄某所有。第二，韩某自行将婚前的个人房产出租，婚后共获得9万元租金。第三，2019年6月，韩某与黄某共同出资，购买了幸福小区6栋806号房产，该房产登记在韩某个人名下。第四，截至2020年6月，二人的家庭账户中有10万元共同存款。除此之外，韩某与黄某并无其他财产争议。

【案情分析】

本案的争议焦点是：婚姻被宣告无效后，韩某与黄某同居期间形成的财产应如何分割？

首先，《民法典》第1054条规定："无效的或者被撤销的婚姻自始没有法律约束力，当事人不具有夫妻的权利和义务。……"本案中，韩某结婚时未达法定婚龄，且直至黄某起诉，韩某仍未满法定结婚年龄。韩某与黄某的婚姻因违反法律禁止性规定而无效，二人属于同居关系。

其次，对于韩某与黄某同居期间的财产分割问题，《民法典》第1054条规定："……同居期间所得的财产，由当事人协议处理；协议不成的，由人民法院根据照顾无过错方的原则判决。……"同时，《婚姻家庭编的解释（一）》第22条规定："被确认无效或者被撤销的婚姻，当事人同居期间所得的财产，除有证据证明为当事人一方所有的以外，按共同共有处理。"法律尊重当事人意思自治，同居期间的财产应由当事人事先协商处理；无法协商一致时，则依据上述法律规定进行分割。

最后，本案争议的财产，应作如下处理：第一，韩某与黄某婚后购买的小汽车，庭审中，双方已达成一致处理意见。因此，依约定，小汽车应归黄某所有。第二，韩某婚后获得的9万元租金，系韩某以婚前个人房产出租产生的法定孳息。显然，该笔租金属于韩某个人财产，应归韩某个人所有。第三，幸福小区房产虽然登记在韩某个人名下，但该房产是韩某与黄某婚后共同出资购买，因此该房产属于韩某与黄某共同共有财产，应予以分割。第四，二人的家庭账户中有10万元共同存款，该笔存款已无法分清来源，应按照共同共有财产予以分割。分割共有财产时，应根据照顾无过错方的原则进行分割。本案中，双方对韩某未达法定婚龄的事实均知情，且仍违反法律规定办理了结婚登记，双方均具有过错。因此，上述房产与存款韩某与黄某各分得一半为宜。

8. 婚姻被宣告无效后，未成年子女的抚养义务如何履行？

【要点提示】

父母子女关系不因婚姻被宣告无效或者被撤销而消除，父母仍须承担抚养教育未成年子女的义务，不直接抚养未成年子女的父母一方应当支付抚养费直至子女成年为止。

【典型案例】

王某（男）与杨某（女）系表兄妹关系，二人青梅竹马，感情笃深。大学毕业后，双方便开始同居生活，并于2013年5月办理了结婚登记。婚后，夫妻感情和睦，于2015年9月育有一子王甲。2020年6月，王某创业失败，精神不振，时常与杨某因家庭琐事争吵。同年12月，二人从言语争吵上升到肢体暴力，夫妻间的矛盾难以调和。杨某遂诉至人民法院，以自己与王某是法律禁止结婚的亲属关系为由，请求法院确认其与王某的婚姻无效，并判决未成年人王甲由其抚养，王某每月给付抚养费600元。经审理查明，王某与杨某长期以来工作繁忙，年仅5岁的王甲一直随外祖父母共同生活。

【案情分析】

本案的争议焦点是：未成年人王甲的抚养义务如何履行？

首先，《民法典》第1054条规定："无效的或者被撤销的婚姻自始没有法律约束力，当事人不具有夫妻的权利和义务。……当事人所生的子女，适用本法关于父母子女的规定。……”本案中，王某与杨某属于法律禁止结婚的亲属关系，该婚姻因违反法律禁止性规定而无效，但二人与王甲间的父母子女关系基于血缘而形成，不受王某与杨某无效婚姻的影响。因此，王某与杨某的婚姻被宣告无效后，二人仍须承担抚养教育未成年人王甲的义务。

其次，对于王甲由何方直接抚养的问题，《民法典》第1084条规定：“……离婚后，不满两周岁的子女，以由母亲直接抚养为原则。已满两周岁的子女，父母双方对抚养问题协议不成的，由人民法院根据双方的具体情况，按照最有利于未成年子女的原则判决。……”同时，《婚姻家庭编的解释（一）》第47条规定：“父母抚养子女的条件基本相同，双方均要求直接抚养子女，但子女单独随祖父母或者外祖父母共同生活多年，且祖父母或者外祖父母要求并且有能力帮助子女照顾孙子女或者外孙子女的，可以作为父或者母直接抚养子女的优先条件予以考虑。”本案中，一方面，王某与杨某二人长期以来工作繁忙，王甲一直与外祖父母共同生活，维持其原有的生活和学习环境更有利于王甲的健康成长；另一方面，杨某有直接抚养王甲的意愿，也具有直接抚养的经济能力，同时王甲也愿意与其共同生活。因此，王甲由杨某直接抚养更为合适。

最后，王某虽不直接抚养王甲，但仍须承担抚养教育王甲所需的费用。《民法典》第1071条规定：“……不直接抚养非婚生子女的生父或者生母，应当负担未成年子女或者不能独立生活的成年子女的抚养费。”对于抚养费的给付，《婚姻家庭编的解释（一）》第49条规定，“抚养费的数额，可以根据子女的实际需要、父母双方的负担能力和当地的实际生活水平确定。有固定收入的，抚养费一般可以按其月总收入的百分之二十至三十的比例给付。……”因此，综合具体情况，王某应每月给付一定数额的抚养费，直至王甲成年为止。

9. 婚姻被宣告无效后，无过错方是否享有损害赔偿请求权？

【要点提示】

婚姻被认定为无效后，该婚姻自始不具有法律约束力。基于公平原则，婚姻当事人中的无过错方有权向过错方主张损害赔偿请求权，既包括物质损害赔偿，也包括精神损害赔偿。

【典型案例】

廖某（男）与魏某（女）因工作原因相识，于2015年10月开始同居生活。2018年3月，魏某意外怀孕，双方便迅速举办婚礼，并办理结婚登记手续。婚后不久，魏某生下一子廖甲。2021年8月，廖某带廖甲到医院体检时意外发现，廖甲为B型血，而自己与魏某均为A血型，根据血型遗传规律，自己与魏某所生之子不可能为B型血。廖某遂回家质问魏某，魏某在其逼问下方才坦白，早在2013年7月，魏某便在家人逼迫下与同村黄某办理过结婚登记，婚后魏某外出打工才与廖某结识。2018年，魏某谎称回老家过年，其实是回黄某家中，也正是在此期间怀上廖甲，廖甲实际上是黄某之子。廖某感觉自己遭到欺骗，精神崩溃，遂于2021年10月诉至人民法院，以重婚为由，请求法院确认其与魏某的婚姻无效，并要求魏某给付精神损害赔偿1万元。

【案情分析】

本案的争议焦点是：廖某是否享有精神损害赔偿请求权？

《民法典》第1054条规定："无效的或者被撤销的婚姻自始没有法律约束力，当事人不具有夫妻的权利和义务。……婚姻无效或者被撤销的，无过错方有权请求损害赔偿。"本案中，首先，魏某在与廖某办理结婚登记前已经与黄某结婚，魏某与廖某的婚姻属于重婚，该婚姻无效。其次，廖某与魏某的婚姻虽因重婚而无效，但廖某对魏某早已结婚的事实并不知情。婚姻无效的根源是魏某的重婚行为，魏某属于过错方，廖某并不存在过错。最后，廖某与魏某结婚必然存在物质和精神上的付出，廖某更是对魏某与廖甲母子倾注了大量情感。魏某的重婚行为以及廖甲并非廖某亲生的事实，给廖某造成了一定的精神损害。《婚姻家庭编的解释（一）》第86条规定："民法典第一千零九十一条规定的'损害赔偿'，包括物质损害赔偿和精神损害赔偿。……"因此，廖某有权依据《民法典》第1054条向魏某主张精神损害赔偿。

同时，对于精神损害的赔偿数额，最高人民法院《关于确定民事侵权精神损害赔偿责任若干问题的解释》第5条规定："精神损害的赔偿数额根据以下因素确定：（一）侵权人的过错程度，但是法律另有规定的除外；（二）侵权行为的目的、方式、场合等具体情节；（三）侵权行为所造成的后果；（四）侵权人的获利情况；（五）侵权人承担责任的经济能力；（六）受理诉讼法院所在地的平均生活水平。"本案中，廖某享有的精神损害赔偿数额，应具体结合魏某的过错程度以及给廖某造成的影响等因素综合确定。

10. 婚约解除后，男方能否要求女方返还其在交往期间给付的财物？

【要点提示】

婚约解除后，男方能否要求女方返还其在交往期间给付的财物，应具体结合给付行为的性质进行分析。女方以索取财物作为结婚的前提条件，属于法律禁止的借婚姻索取财物，女方应予返还；男方以结婚为目的，依照民间习俗给付女方的彩礼，女方应予返还；男方出于节日祝福或者情感表示赠与女方的财物，女方不予返还。

【典型案例】

庄某（男）与徐某（女）经媒人介绍相识，于2018年5月确立恋爱关系。交往期间，双方父母一直希望二人尽快结婚，但徐某以种种理由一再推托。经双方家长再三催促，庄某与媒人于2019年3月至徐某家中认亲，双方正式订立婚约。但临近婚礼时，徐某突然表示自己早已另有所爱，坚决拒绝与庄某结婚。男方被迫取消婚礼，双方家庭也因此闹僵，只能协商解除婚约。婚约解除后，庄某要求徐某返还交往期间给付的财物，共计36834元，遭徐某拒绝。庄某遂于2019年6月诉至人民法院，请求判决徐某返还财物。

经审理查明，庄某曾给付徐某如下财物：第一，2018年交往期间，庄某因徐某生日、七夕节日，分别通过微信转账给徐某1314元、520元。第二，同年端午节，庄某到徐某家中拜访时，给予徐某父母1000元红包。第三，2019年3月，庄某前往徐某家中认亲时，给予徐某1.6万元认亲礼。第四，2019年5月，庄某托媒人告知女方选定的婚礼日期时，给予徐某1.8万元，上述款项共计36834元。男方认为，上述财物均是以结婚为目的而给予女方，现结婚目的落空，女方应当悉数返还。女方则认为，上述财物系男方自愿赠与，女方不应返还。

【案情分析】

本案的争议焦点是：庄某能否要求徐某返还其在交往期间给付的财物？

首先，一方以索取财物作为结婚前提条件，属于借婚姻索取财物。《民法典》第1042条规定：“禁止包办、买卖婚姻和其他干涉婚姻自由的行为。禁止借婚姻索取财物。……”显然，借婚姻索取财物属于违法行为，索取的财物应当返还。但本案中，徐某并未借婚姻索取财物，庄某数次给予徐某一定数额金钱，是基于真实意思表示处分自己财物的行为，法律对此应予尊重。

其次，彩礼是男方以结婚为目的而给付女方的财物。本案中，庄某给予徐某1.6万元认亲礼是为了与徐某订立婚约；2019年5月，庄某托媒人带去1.8万元也是为了与徐某结婚。因此，这两笔款项均具有与徐某结婚的目的，属于彩礼范围。《婚姻家庭编的解释（一）》第5条规定：“当事人请求返还按照习俗给付的彩礼的，如果查明属于以下情形，人民法院应当予以支持：（一）双方未办理结婚登记手续……”庄某与徐某虽订立婚约，但二人并未办理结婚登记，婚约解除后，徐某应当返还上述彩礼款项。

最后，一方出于情感表示和人际交往而给予财物，属于赠与行为。本案中，庄某在徐某生日以及七夕节日通过微信转账给予徐某1314元以及520元，是为了表达对徐某的爱意与祝福。并且，双方此时正处于交往了解阶段，尚未订立婚约，该微信转账应属于一般赠与行为。同理，庄某在端午佳节给予徐某父母1000元红包，也是因人际交往需要而实施的赠与行为。《民法典》第658条规定：“赠与人在赠与财产的权利转移之前可以撤销赠与。经过公证的赠与合同或者依法不得撤销的具有救灾、扶贫、助残等公益、道德义务性质的赠与合同，不适用前款规定。”由于庄某的金钱已经通过微信转账以及红包的方式转移至徐某及其父母手中，赠与行为履行完毕，庄某无权主张撤销。因此，对于1314元、520元的微信转账以及1000元红包，徐某及其父母不予返还。

11. 未办理结婚登记但确已共同生活，男方能否请求女方返还彩礼？

【要点提示】

男女双方未办理结婚登记，男方可以请求女方返还彩礼。但双方确已共同生活时，是否返还彩礼以及具体返还的数额应当根据男女双方共同生活时间的长短、有无生育子女、财产使用情况、彩礼数额并结合当地的风俗习惯等因素酌情认定。

【典型案例】

谢某（男）与何某（女）系高中同学，高中毕业后便一同外出打工，并确立了恋爱关系。随着感情升温，谢某与何某欲结婚，但此时谢某尚未达到法定婚龄，双方无法办理结婚登记。2018年12月，双方按照民间习俗举办婚礼后，开始以夫妻名义共同生活。起初，双方感情较为融洽。不久后，谢某与何某在职业规划上出现不可调和的矛盾。2019年3月，双方就职业规划问题再次争吵，何某一气之下返回娘家，并表示不愿再与谢某继续生活。几经挽留不成，谢某遂于2019年11月诉至人民法院，主张自己与何某并未办理结婚登记，不存在法律意义上的婚姻关系，请求法院判决何某返还彩礼。经审理查明，结婚时，谢某曾给予何某8万元彩礼，且婚后双方仅共同生活3个月左右。

在本案的审理过程中，有两种不同意见。一种意见认为，谢某与何某至今未办理结婚登记，双方不存在合法有效的婚姻关系，何某应全额返还彩礼。另一种意见则认为，谢某与何某虽未办理结婚登记，但双方已经开始相互扶助、共同生活，彩礼也在共同生活中使用殆尽，何某不应返还彩礼。

【案情分析】

本案的争议焦点是：谢某能否请求何某返还彩礼?

首先，《婚姻家庭编的解释（一）》第5条明确规定："当事人请求返还按照习俗给付的彩礼的，如果查明属于以下情形，人民法院应当予以支持：（一）双方未办理结婚登记手续……"谢某与何某未办理结婚登记，不存在合法有效的婚姻关系，何某应当依法返还彩礼。

其次，从法律性质上看，男方给付彩礼是一种附解除条件的赠与行为，该赠与行为以男女双方未能缔结婚姻关系为解除条件。《民法典》第158条规定："……附解除条件的民事法律行为，自条件成就时失效。"本案中，谢某与何某虽然已经举行婚礼并以夫妻名义共同生活，但直至谢某起诉，二人一直未办理结婚登记，此后也无继续共同生活的意愿。这表明，谢某与何某未能缔结婚姻关系，解除条件确定成就，赠与行为失效。何某收受彩礼属于不当得利，理应返还。

最后，需要注意的是，这并不意味着何某需要全额返还彩礼。本案中，何某与谢某虽然并未办理结婚登记，但双方确以夫妻名义共同生活了一段时间，存在事实上的夫妻关系，谢某给付彩礼的目的已经部分实现。并且，双方未办理结婚登记，是因为谢某当时尚未达到法定结婚年龄；无法继续共同生活，是由于双方事前了解不足、生活观念冲突。对此，双方均存在一定过错，不应由何某一人承担不利后果。倘若要求何某全额返还彩礼，既有违公平原则，也不符合《民法典》婚姻家庭编规定的保护妇女合法权益原则。因此，谢某有权以未办理结婚登记为由，请求何某返还彩礼。结合双方共同生活3个月左右、给付的8万元彩礼数额、彩礼实际使用情况以及当地的风俗习惯等因素，何某应酌情返还部分彩礼。

12. 登记结婚后共同生活时间较短，离婚时男方能否请求女方返还彩礼？

【要点提示】

男女双方办理结婚登记后未共同生活，离婚时男方可以依法请求女方返还彩礼。双方确已共同生活，但共同生活时间较短，女方应酌情返还部分彩礼。具体返还的数额应根据双方共同生活的时间长短、彩礼数额、彩礼用途、是否生育子女，并结合当地风俗习惯等因素酌情认定。

【典型案例】

周某（男）与冯某（女）经朋友介绍相识，于2019年1月办理结婚登记。因交往时间较短，双方性格不合，婚后难以共同生活。周某遂于同年5月向人民法院提起离婚诉讼，请求解除其与冯某的婚姻关系，并以共同生活时间较短为由，请求冯某返还彩礼。庭审中，双方均表示愿意离婚，但就彩礼返还问题无法达成一致处理意见。经审理查明，结婚时，周某曾给予冯某6万元彩礼，并且婚后双方仅实际共同生活2个月左右。

在本案的审理过程中，主要存在两种意见。一种意见认为，周某与冯某已办理结婚登记并开始共同生活，不符合法律规定的应返还彩礼情形。因此，周某无权请求冯某返还彩礼。另一种意见认为，周某与冯某虽办理了结婚登记，但双方仅共同生活2个月左右便离婚，共同生活时间较短，周某给付彩礼的目的并未实现，冯某应当返还彩礼。

【案情分析】

本案的争议焦点是：周某能否请求冯某返还彩礼？

《婚姻家庭编的解释（一）》第5条规定："当事人请求返还按照习俗给付的彩礼的，如果查明属于以下情形，人民法院应当予以支持：（一）双方未办理结婚登记手续；（二）双方办理结婚登记手续但确未共同生活；（三）婚前给付并导致给付人生活困难。适用前款第二项、第三项的规定，应当以双方离婚为条件。"本案中，周某与冯某办理了结婚登记，并且确已开始共同生活，周某也未出现"婚前给付并导致给付人生活困难"的情形，不符合上述彩礼返还的规定。但考虑到周某与冯某仅实际共同生活2个月左右，婚姻存续时间较为短，离婚后，冯某应酌情返还部分彩礼。

首先，男女双方结婚并非单纯追求法律形式上的夫妻关系，更为深层的目的是实现夫妻间的相互扶助、共同生活。本案中，周某与冯某共同生活的时间较短，就实现婚姻所蕴含的夫妻间相互扶助、相互关爱的意义而言，仍不具有较大的实质意义。因此，法律有必要对周某的合法权益加以保护，由冯某适当返还部分彩礼，以平衡双方利益。

其次，男方给付彩礼的目的在于与女方结婚，既体现在法律形式上确立婚姻关系，又体现在实质上的夫妻共同生活。从一般社会公众的角度看，实质意义甚至重于形式意义。本案中，周某与冯某虽已形成合法有效的婚姻关系，但二人仅短暂共同生活2个月左右。显然，周某给付彩礼的实质目的并未实现，冯某如不返还部分彩礼，有违公平原则。

最后，严格对上述法律进行文义解释，极易诱发道德风险。我国目前"闪婚""闪离"现象增多，其中可能存在一种情形，即女方实际上并无结婚真意，只是为骗取高额彩礼而与男方结婚，短暂共同生活后，便与男方解除婚姻关系。综上，周某与冯某虽已办理结婚登记并共同生活，但考虑到双方实际共同生活时间较短，冯某应酌情返还部分彩礼。具体返还的数额，应结合双方实际共同生活2个月左右、给付的6万元彩礼数额、彩礼实际使用情况以及当地风俗习俗等因素综合确定。

13. 因婚前给付彩礼导致婚后生活困难，离婚时男方能否请求女方返还彩礼?

【要点提示】

男方因婚前给付彩礼导致婚后生活困难，离婚时可以请求女方返还彩礼。实践中，应严格把握“生活困难”的认定标准。此处的“生活困难”，并非指男方给付彩礼后生活质量的相对下降，而是指男方达到仅依靠自身的力量无法维持当地最基本生活水平的困难程度。

【典型案例】

马某（男）与程某（女）经亲戚介绍认识，相识3个月便确立了恋爱关系。在父母的催促下，双方于2019年4月匆匆办理结婚登记。由于婚前了解时间过短，双方感情基础薄弱。同时，马某与程某的消费观念存在较大差异，双方经常为此争吵，甚至大打出手。同年10月，程某在一次争吵过后，收拾行李返回娘家，双方自此以后再未见面。直至2020年4月，马某向人民法院提起离婚诉讼，请求解除其与程某的婚姻关系，并以婚前给付彩礼导致婚后生活困难为由，要求程某返还彩礼。双方在庭审中均表示愿意离婚，但就彩礼返还问题无法达成一致处理意见。经审理查明，马某一家自2015年起就被认定为精准扶贫户，并且结婚时，马某依照当地习俗给予程某彩礼14万元，该笔彩礼均是向亲戚、朋友借款而得。

【案情分析】

本案的争议焦点是：马某能否请求程某返还彩礼?

男方给付女方彩礼通常以结婚为目的，这种目的既包括双方在法律层面确立婚姻关系，又包括事实层面的共同生活。《婚姻家庭编的解释

（一）》第5条规定："当事人请求返还按照习俗给付的彩礼的，如果查明属于以下情形，人民法院应当予以支持：（一）双方未办理结婚登记手续；（二）双方办理结婚登记手续但确未共同生活；（三）婚前给付并导致给付人生活困难。……"显然，该规定第1款第1项、第2项都是以给付彩礼的目的实现与否为标准，规定两种彩礼返还的情形。本案中，马某与程某已经办理结婚登记并且共同生活半年左右，马某给付彩礼的目的已经基本实现，女方原则上不再返还彩礼。但基于现实需要的考虑，该条款还规定了另一种特殊的彩礼返还情形，即男方因婚前给付彩礼导致婚后生活困难，离婚时可以请求女方返还彩礼。

本案中，马某提起离婚诉讼，并且双方在庭审中均表示愿意离婚，那么解决彩礼返还问题的关键就在于马某是否符合"婚前给付并导致给付人生活困难"这一条件。需要明确的是，上述司法解释中规定的"生活困难"，并非指给付人因给付彩礼而导致生活质量的相对下降，而是给付彩礼的行为使给付人陷入了经济上的绝对困难，仅依靠其自身的力量已经难以维持当地最基本的生活水平。结合本案事实，马某一家本就属于精准扶贫户，家庭经济困难，而给付给程某的14万元彩礼，数额较大，又均是向亲戚、朋友举债而得。可见，给付高额彩礼的行为已经给马某造成沉重的经济负担，导致其生活困难，符合上述司法解释第5条第1款第3项的规定。因此，马某有权以婚前给付彩礼导致婚后生活困难为由，请求程某返还彩礼。结合双方已共同生活6个月左右的事实以及马某给付彩礼后家庭生活的困难程度，程某应酌情返还部分彩礼。

14. 未办理结婚登记而以夫妻名义共同生活是否属于事实婚姻？

【要点提示】

男女双方未办理结婚登记而以夫妻名义共同生活，既可能属于事实婚姻，也可能属于同居关系。二者以1994年2月1日《婚姻登记管理条例》实施为界，在其公布实施以前已符合结婚实质要件的，属于事实婚姻；在其公布实施后符合实质要件的，应当补办结婚登记，未补办结婚登记的，按照同居关系处理。

【典型案例】

张某（男）与黄某（女）同村长大，二人青梅竹马，感情深厚。1996年8月，双方按照民间习俗举办婚礼，开始以夫妻名义共同生活。起初，夫妻感情融洽，家庭生活和睦。2008年5月起，双方开始因各种琐事争吵，家庭矛盾日积月累。2015年4月4日，黄某在一次争吵中误伤张某，张某一气之下，离家出走。此后，黄某一直托人多方寻找，却未曾获得张某的任何信息。黄某认为，双方感情确已破裂，没有必要继续维系夫妻关系，遂于2019年5月诉至人民法院，请求解除二人的事实婚姻关系。

在本案的审理过程中，有两种不同意见。一种意见认为，张某与黄某虽未办理结婚登记，但双方长期以夫妻名义共同生活，已经形成事实上的夫妻关系，应属于事实婚姻。另一种意见则认为，我国法律自1994年2月1日起不再承认事实婚姻，只有1994年2月1日以前符合结婚实质要件的才属于事实婚姻。张某与黄某于1996年8月才开始以夫妻名义共同生活，应按照同居关系处理。

【案情分析】

本案的争议焦点是：张某与黄某是否属于事实婚姻？

《婚姻家庭编的解释（一）》第7条规定："未依据民法典第一千零四十九条规定办理结婚登记而以夫妻名义共同生活的男女，提起诉讼要求离婚的，应当区别对待：（一）1994年2月1日民政部《婚姻登记管理条例》公布实施以前，男女双方已经符合结婚实质要件的，按事实婚姻处理。（二）1994年2月1日民政部《婚姻登记管理条例》公布实施以后，男女双方符合结婚实质要件的，人民法院应当告知其补办结婚登记。未补办结婚登记的，依据本解释第三条规定处理。”本案中，张某与黄某于1996年8月才开始以夫妻名义共同生活，二人不符合形成事实婚姻的法定条件，不属于事实婚姻关系。而张某与黄某结婚时未办理结婚登记，此后也未曾补办，双方之间也不存在合法有效的婚姻关系。因此，张某与黄某应按照同居关系处理。

张某与黄某同居关系的解除并非法律调整范围。首先，同居关系是当事人基于自己的真实意愿而选择的一种生活模式，属于当事人的私人生活领域，在不损害社会公共利益或他人合法权益的情况下，法律不宜过多干预。其次，同居关系的形成不需要经过法定程序，双方不具有法律上的权利和义务，对于该关系的解除，法律亦不应多加干涉。最后，事实上，法律也无法通过强制力实现对当事人同居关系的调整。因此，无论是形成抑或是解除同居关系，均应由当事人自行协商决定。《婚姻家庭编的解释（一）》第3条规定：“当事人提起诉讼仅请求解除同居关系的，人民法院不予受理；已经受理的，裁定驳回起诉。……”本案中，张某与黄某属于不受法律保护的同居关系，该同居关系的解除并非法律调整范围，黄某可以待张某出现后，与之协商解除同居关系。

15. 男女双方同居期间形成的财产如何分割？

【要点提示】

男女双方同居期间所得的财产，应协商处理；双方无法达成一致处理意见时，各自的收入原则上归各自所有，共同所得的收入和购置的财产按共有财产处理。具体分割财产时，还应照顾妇女、儿童的利益。

【典型案例】

高某（男）与蔡某（女）经朋友介绍认识，于2016年6月开始同居生活。起初，双方相处融洽，感情和睦，于2018年5月育有一子高甲。2018

年11月，高某因工作需要开始频繁出差，双方聚少离多，感情疏远。2019年4月，双方难以继续共同生活，遂协商解除同居关系，儿子高甲由蔡某抚养。但双方就同居期间形成的财产如何处理，无法达成一致意见。高某遂于2019年9月诉至人民法院，请求分割二人同居期间形成的财产。

经审理查明，高某与蔡某同居期间形成如下财产：第一，2016年12月，双方共同经营一家服装店，获得5万元收益。对于该笔收益，双方曾签订协议，约定其中2万元归蔡某所有，剩余3万元则作为双方的旅游基金。解除同居关系时，高某对该财产处理协议不予认可。第二，2017年3月，为方便上班，双方各出资50%购买了一辆小汽车，登记在高某名下。第三，2016年6月至2019年4月，高某与蔡某工资卡中各有存款8万元与3万元。

【案情分析】

本案的争议焦点是：高某与蔡某同居期间形成的财产如何分割？

首先，《民法典》第1049条规定：“要求结婚的男女双方应当亲自到婚姻登记机关申请结婚登记。……”男女双方结婚应履行法定程序，高某与蔡某未办理结婚登记，属于非婚同居。《婚姻家庭编的解释（一）》第3条规定：“……当事人因同居期间财产分割或者子女抚养纠纷提起诉讼的，人民法院应当受理。”然而，同居期间的财产应如何分割，《民法典》及其司法解释均未作出明确规定。

其次，法律尊重当事人意思自治，同居期间形成的财产应先由当事人协商处理。双方无法协商一致时，各自的收入原则上应归各自所有。但双方在同居期间相互协助、共同生活，共同所得的收入和购置的财产，应按照共有财产处理。同时，《民法典》婚姻家庭编明确要求保护妇女、未成年人的合法权益。因此，分割共同财产时，还应当照顾妇女、儿童的利益。

综上，本案争议的财产，应作如下处理：第一，高某与蔡某对经营服装店所得收益中的2万元已事先协商处理。依照协议约定，其中2万元归蔡某个人所有。在该协议不存在欺诈、胁迫等违反法律规定的情形下，高某应当遵守诚实信用原则，依约履行。第二，对于剩余的3万元服装店收益，双方并未明确其归属。高某与蔡某共同经营服装店，该收益是双方共同劳动的结果，属于双方共同所得的收入，应当由双方共有。因此，该收益应作为共有财产予以分割。第三，双方同居期间购买的小汽车虽然登记在高某名下，但系高某与蔡某各自出资50%购买所得，属于双方共同购置的财产，应当由双方共有。因此，该车应参照双方出资份额予以分割。第四，高某与蔡某的工资卡属于双方的个人财产，应归其各自所有。需要注意的是，同居关系解除后，妇女与儿童往往处于弱势地位，分割共有财产时，应对蔡某予以倾斜保护，适当多分财产。

16. 男女双方同居期间，一方以个人名义对外所负的债务由谁承担？

【要点提示】

同居期间一方以个人名义对外所负的债务，既可能属于个人债务，也可能属于共同债务。一方为同居期间的共同生产、生活所负的债务应属于共同债务，由双方共同偿还，否则应当认定为一方的个人债务，由其个人偿还。

【典型案例】

黄某（男）与杨某（女）经相亲认识，于2016年2月确认恋爱关系。同年底，双方开始同居生活，不久后育有一子黄甲。因子女抚养教育问题，双方数次发生冲突。2019年11月，双方难以继续共同生活，遂决定解除同居关系，儿子黄甲由黄某抚养。但双方就同居期间分别以个人名义对外所负的数笔债务由谁承担，无法达成一致处理意见。杨某遂于2020年5月诉至人民法院，请求判决由黄某个人偿还同居期间发生的所有债务。

经审理查明，黄某与杨某同居期间分别以个人名义对外负有如下几笔债务：一、2017年2月，黄某曾以个人名义向父母借款2万元，用于与杨某共同经营食杂店。庭审中，黄某表示该笔借款由自己承担。二、2018年7月，杨某以个人名义向亲戚借款3万元，用于治疗儿子黄甲所患疾病。三、2018年9月，杨某以个人名义向朋友借款5000元，用于修缮与黄某共同居住的房屋。四、2019年6月，黄某以个人名义向朋友借款5万元，约定用于购买一辆面包车，方便食杂店进货，但实际上黄某将其全部用于赌博。

【案情分析】

本案的争议焦点是：黄某与杨某同居期间分别以个人名义对外所负的债务由谁承担？

首先，《民法典》第1049条规定："要求结婚的男女双方应当亲自到婚姻登记机关申请结婚登记。……"本案中，黄某与杨某未办理结婚登记，属于非婚同居。对于同居期间形成的债务承担问题，《民法典》及其司法解释均未作出明确规定。

其次，基于意思自治的原则，同居期间形成的债务问题，应先由当事人协商处理。双方无法达成一致处理意见时，则应根据该借款是否实际上用于同居期间的共同生产、生活予以判断。同居期间，男女双方的生产和生活资料高度混合，一方以个人名义所负债务极有可能用于共同生活。倘若不加区分，一概由借款一方承担，可能导致另一方不当得利，显然有违公平原则。因此，一方为同居期间的共同生产、生活所负的债务应属于共同债务，由双方共同偿还；反之，则认定为一方的个人债务，由其个人偿还。

综上，本案的数笔借款，应作如下处理：第一，用于共同经营食杂店的2万元借款，黄某当庭表示愿意自行偿还。这表明，双方当事人在庭审中对此笔借款达成一致处理意见，法律应予以尊重。第二，杨某曾以个人名义借款3万元，用于治疗黄甲所患疾病。《民法典》第26条规定："父母对未成年子女负有抚养、教育和保护的义务……"同时，该法第1071条规定：“非婚生子女享有与婚生子女同等的权利，任何组织或者个人不得加以危害和歧视。……”据此可知，黄某与杨某均负有抚养教育黄甲的义务。该笔借款虽然是杨某以个人名义所借，但杨某实际上将其用于抚养二人的孩子黄甲，应认定为双方在同居期间为共同生活而发生的债务，由双方共同偿还。第三，杨某曾以个人名义借款5000元，用于修缮与黄某共同居住的房屋。显然，该笔借款有益于同居生活，黄某从中受益，应与杨某一同偿还该笔借款。第四，黄某曾以个人名义借款5万元，名义上该笔借款用于购买面包车，但实际上黄某却全部用于赌博。该笔借款应属于黄某个人债务，由其个人偿还。

17. 同居关系解除后，未成年子女的抚养义务如何履行？

【要点提示】

父母子女关系不因父母间同居关系的解除而消除，父母仍须承担抚养教育未成年子女的义务。不直接抚养未成年子女的父母一方，应当支付抚养费直至子女成年。

【典型案例】

李某（男）与叶某（女）经朋友介绍认识，于1998年6月确定恋爱关系。2000年5月，双方开始同居生活，并且分别于2002年、2008年育有一子李甲、一女李乙。因家庭经济原因，李某常年外出打工，鲜有归家，叶某则在家附近的工厂上班。多年来，双方聚少离多，感情疏远。2020年7月，李某与叶某一致决定解除同居关系，并对财产问题协商一致。但二人均要求由自己抚养子女，丝毫不愿退让。叶某遂于2020年8月向人民法院提起诉讼，请求判决儿子李甲与女儿李乙均由自己抚养，李某每月给付抚养费，共计1000元。经审理查明，儿子李甲18周岁，已高中毕业，女儿李乙12周岁，现就读于某中学，二人一直随母亲叶某共同生活。庭审中，二人均表示，愿意继续随母亲叶某生活。

【案情分析】

本案的争议焦点是：未成年人李乙的抚养义务如何履行?

首先，《民法典》第1071条规定："非婚生子女享有与婚生子女同等的权利，任何组织或者个人不得加以危害和歧视。……"本案中，李某与叶某虽属于同居关系，但二人与李甲、李乙的父母子女关系基于血缘而形成，并不会随着同居关系的解除而解除。因此，李某与叶某解除同居关系后，二人仍须承担抚养教育未成年人李乙的义务。而李甲已经年满18周岁，李某与叶某均不再对其负有法定抚养义务。

其次，对于李乙由何方直接抚养的问题，《民法典》第1084条规定："……离婚后，不满两周岁的子女，以由母亲直接抚养为原则。已满两周岁的子女，父母双方对抚养问题协议不成的，由人民法院根据双方的具体情况，按照最有利于未成年子女的原则判决。子女已满八周岁的，应当尊重其真实意愿。"同时，《婚姻家庭编的解释（一）》第46条规定："对已满两周岁的未成年子女，父母均要求直接抚养，一方有下列情形之一的，可予优先考虑：……（二）子女随其生活时间较长，改变生活环境对子女健康成长明显不利；……"本案中，一方面，李某常年在外打工，鲜少回家，12岁的李乙一直以来都是随叶某共同生活，并且李乙现就读于某中学，不宜轻易改变其原有的生活成长环境；另一方面，李乙在庭审中表示愿意随母亲叶某生活，法律应当充分尊重年满8周岁未成年子女的真实意愿。因此，李乙由叶某直接抚养更为合适。

最后，李某虽不直接抚养李乙，但仍须承担抚养教育李乙所需的费用。《民法典》第1071条规定："……不直接抚养非婚生子女的生父或者生母，应当负担未成年子女或者不能独立生活的成年子女的抚养费。"对于抚养费的给付数额，上述司法解释第49条规定："抚养费的数额，可以根据子女的实际需要、父母双方的负担能力和当地的实际生活水平确定。

有固定收入的，抚养费一般可以按其月总收入的百分之二十至三十的比例给付。……”因此，综合具体情况，李某应每月给付一定数额的抚养费，直至李乙成年为止。

18. 一方冒用他人身份证办理结婚登记，另一方能否请求确认该婚姻无效？

【要点提示】

冒用他人身份证办理结婚登记，并非法定婚姻无效事由。一方冒用他人身份证办理结婚登记，另一方不能以此为由，请求法院确认该婚姻无效。对于结婚登记上存在的瑕疵，结婚登记上记载的主体可以请求婚姻登记机关撤销结婚登记或者直接提起行政诉讼。

【典型案例】

常某（男）与李某（女）经人介绍认识，于2017年8月确立恋爱关系。2018年12月，二人欲办理结婚登记，但李某此时年仅19周岁，尚未达到法定结婚年龄。为达结婚目的，李某冒用同胞姐姐李甲的身份证，与常某前往婚姻登记机关办理了结婚登记。婚后，夫妻二人感情不和。常某遂于2021年7月向人民法院起诉，以李某冒用他人身份证办理结婚登记为由，请求法院确认该婚姻无效。

在本案的审理过程中，有两种不同的意见。一种意见认为，结婚证上的婚姻关系主体虽然是常某与李甲，但结婚登记行为系李某本人实施。结婚登记的瑕疵，不足以影响双方婚姻关系的成立。2021年7月，常某起诉时，李某已经达到法定结婚年龄，因此常某与李某的婚姻有效。另一种意见则认为，结婚登记确立的是常某与李甲的婚姻关系，李某并非该婚姻当事人。由于冒用他人身份证办理结婚登记并非法定婚姻无效事由，常某对该结婚登记存在异议，有权以结婚登记存在瑕疵为由，请求婚姻登记机关予以撤销或直接提起行政诉讼。

【案情分析】

本案的争议焦点是：常某能否以李某冒用他人身份证办理结婚登记为由，请求法院确认该婚姻无效？

首先，从法律性质上看，结婚登记属于具体行政行为，仅约束其记载的主体，确立记载主体间的婚姻关系。本案中，李某冒用他人身份证，与常某办理结婚登记。因此，李某并非结婚登记上记载的主体，未与常某形成合法有效的婚姻，该结婚登记形式上确立了常某与李甲的婚姻关系。根据结婚登记的公示公信力，结婚登记被撤销前，李甲与常某的婚姻依然存续。

其次，为了确保婚姻当事人基于真实意愿而结婚，《民法典》第1049条规定："要求结婚的男女双方应当亲自到婚姻登记机关申请结婚登记。……"本案中，李甲本人并未亲自前往婚姻登记机关办理结婚登记，也没有与常某结婚的真实意思表示。因此，该结婚登记存在瑕疵。

最后，婚姻的效力问题属于民事审判范畴，而结婚登记作为具体行政行为，其效力问题属于行政诉讼范围。《婚姻家庭编的解释（一）》第17条规定："当事人以民法典第一千零五十一条规定的三种无效婚姻以外的情形请求确认婚姻无效的，人民法院应当判决驳回当事人的诉讼请求。当事人以结婚登记存在瑕疵为由提起民事诉讼，主张撤销结婚登记的，告知其可以依法申请行政复议或者提起行政诉讼。"本案中，李某冒用他人身份证办理结婚登记，并非法定婚姻无效事由之一，不宜直接否定该婚姻的效力。对于结婚登记存在的瑕疵，常某可以请求婚姻登记机关撤销结婚登记，或者直接依法提起行政诉讼。

19. 同居关系解除后，一方向对方主张青春损失费的请求能否得到支持？

【要点提示】

同居关系解除后，男女双方以借条形式确定的青春损失费，属于道德层面的补偿，不具有法律约束力。同时，女方以同居流产为由主张人身损害赔偿，亦于法无据。但基于公平责任原则，男方应对其遭受的经济损失予以适当补偿。

【典型案例】

洪某（男）与林某（女）经朋友介绍相识。2018年6月，双方大学毕业，开始同居生活。2019年4月，林某意外怀孕。同年6月5日，林某因腹痛难忍前往医院检查，被诊断为宫外孕，随后在医院通过手术终止妊娠。自此以后，洪某与林某时常发生争吵，双方难以继续共同生活，遂于同年12月解除同居关系。洪某许诺，同居关系解除后，给予林某青春损失费5万元。为此，双方签订借条，借条载明：洪某欠林某5万元，自欠款之日起，洪某每月10号定期打款给林某6000元，直至还清所有借款。洪某按期打款2个月后，便拒绝继续履行。林某遂于2020年6月诉至人民法院，请求判决洪某支付其尚未履行的青春损失费3.8万元，以及因同居流产给林某造成的人身损害赔偿，共计1.5万元，其中包括医疗费1万元、误工费4000元以及营养费1000元。

在本案的审理过程中，有两种不同意见。一种意见认为，同居是当事人自愿选择的，后果自然也应由双方自行承担。青春损失费以及因同居流产而主张的人身损害赔偿均于法无据，洪某仅负有道德上的责任。另一种意见则认为，该借条实为双方就同居期间财产的分割以及林某身体、精神损害赔偿所达成的协议，洪某应继续履行；洪某在同居期间导致林某宫外孕流产，严重侵害林某的身体健康权，也应予以赔偿。

【案情分析】

本案的争议焦点是：林某向洪某主张青春损失费的请求能否得到支持?

林某无权要求洪某继续履行剩余的青春损失费。本案中，首先，洪某与林某间并不存在真实的借款法律关系。双方以借条之名确立的是青春损失费，从性质上看，这是洪某在解除同居关系后，对林某情感上的一种金钱补偿，仅限于道德范畴。其次，洪某与林某形成的同居关系，法律不予保护，基于此种关系延伸出来的青春损失费当然也不具有法律效力。最后，青春的流逝是一种自然现象，男女双方并无任何区别，并且青春也不是一种法律权利，林某以青春流逝为名请求洪某给予青春损失费，于法无据。因此，洪某自愿对林某进行补偿，法律不加干涉，已经给予的部分洪某不得要求返还，但林某无权要求洪某继续支付未履行部分的青春损失费。

同理，林某也无权要求洪某赔偿其因同居流产而遭受的人身损害，但基于公平责任原则，洪某应当对林某遭受的损失予以适当补偿。本案中，一方面，洪某与林某均系成年人，应当对同居可能产生的后果具有一定预见性，而双方仍旧自愿选择形成同居关系，自然也应自行承担同居造成的后果；另一方面，林某宫外孕流产属于意外事件，二人对此均不存在过错，洪某也未实施侵权行为。因此，洪某无须对林某同居流产遭受的人身损害承担赔偿责任。然而，《民法典》第1186条规定："受害人和行为人对损害的发生都没有过错的，依照法律的规定由双方分担损失。"双方虽然对该损害均不存在过错，但确实导致伤害后果的发生。基于公平责任原则，应由双方共同分担经济损失，洪某应对林某同居流产遭受的损失予以适当补偿。

20. 服刑人员在服刑期间是否可以结婚？

【要点提示】

服刑人员虽然在一定程度上被限制人身自由，但法律并未剥夺其在服刑期间的婚姻自主权。根据"法无禁止即自由"的基本原理，服刑人员在服刑期间可以与他人结婚。

【典型案例】

孙某（男）与范某（女）经人介绍认识，于2015年9月按照民间习俗举办婚礼，开始以夫妻的名义共同生活。因个人原因，二人一直未前往民政部门办理结婚登记手续。2018年12月，孙某因犯罪被判处有期徒刑5年。范某欲探视孙某，根据《监狱法》规定，“罪犯在监狱服刑期间，可以会见亲属、监护人。”孙某与范某虽然长期以夫妻名义共同生活，但双方并未办理结婚登记，范某在法律层面上并非孙某的配偶，不属于孙某的亲属范围，无法探视孙某。同时，范某希望能更好地照顾双方家庭，使孙某安心在狱中接受改造，争取早日回归社会，遂向监狱管理部门提出与孙某办理结婚登记的请求。

对于服刑人员在服刑期间是否可以结婚，主要存在两种不同观点。一种观点认为，服刑期间，孙某的人身自由遭到限制，难以亲自前往婚姻登记机关，夫妻间的权利义务也难以实现。因此，孙某在服刑期间不应享有结婚权，可待刑期结束后亲自前往婚姻登记机关办理结婚登记。另一种观点则认为，现有法律并未明确剥夺服刑人员的结婚权，孙某在服刑期间的婚姻自主权虽然难以实现，但并不意味着该权利的丧失。因此，孙某在服刑期间仍享有婚姻自主权，可以与他人结婚。

【案情分析】

本案的争议焦点是：孙某在服刑期间是否可以结婚？

首先，执行刑罚并未剥夺孙某结婚的权利。刑罚剥夺的是孙某的人身自由，而非婚姻自主权，执行刑罚与享有结婚的权利并不矛盾。其次，现行法律中并无禁止服刑人员结婚的相关规定。根据“法无禁止即自由”的原则，孙某与范某只要满足结婚的法定条件即可办理结婚登记。最后，民政部《关于贯彻执行〈婚姻登记条例〉若干问题的意见》第10条规定：“服刑人员申请办理婚姻登记，应当亲自到婚姻登记机关提出申请并出具有效的身份证件；服刑人员无法出具身份证件的，可由监狱管理部门出具有关证明材料。办理服刑人员婚姻登记的机关可以是一方当事人常住户口所在地或服刑监狱所在地的婚姻登记机关。”据此可知，孙某虽然正在服刑，但其婚姻自主权不因执行刑罚而丧失，只要符合结婚登记的相关条件，婚姻登记机关仍会为其办理结婚登记。综上，孙某在服刑期间仍享有婚姻自主权，可以与他人结婚。

由于被限制人身自由，孙某的婚姻自主权在实现上确实存在一定困难。《民法典》第1049条规定："要求结婚的男女双方应当亲自到婚姻登记机关申请结婚登记……"同时，上述民政部的意见中也明确要求，服刑人员申请办理婚姻登记，应当亲自到婚姻登记机关提出申请。因此，孙某虽然享有婚姻自主权，但由于服刑期间人身自由被限制，其婚姻自主权无法独立行使，需要在监狱管理部门以及民政部门的协同配合下实现。

第二章 夫妻关系

21. 夫妻一方出售共有房产，需要另一方授权或同意吗？

【要点提示】

夫妻一方因家庭日常生活需要而处理夫妻共同财产，任何一方均有权决定；夫或妻非因日常生活需要对夫妻共同财产做出重要处理决定时，夫妻双方应当平等协商，取得一致意见。申言之，夫妻双方的日常家事代理权仅限于家庭日常生活需要，处分夫妻共同房产等大额财产时，需要夫妻另一方的授权或同意。

【典型案例】

洪某（男）与王某（女）于2000年经自由恋爱后登记结婚，婚后二人先后购置了两套房产，其中一套于2008年购置并登记在王某一人名下。2019年10月，该房屋的租客徐某表示有意购买该房屋，并与王某签订房屋买卖合同，合同约定：徐某2年内支付购房款共计67万元，届时王某将房屋过户至徐某名下。2021年2月，徐某联系王某，提出可以支付全部房款，并要求进行房屋产权过户。此时，王某的丈夫洪某以订立合同时，其作为房产共有人不知情为由，拒绝履行合同，因此，双方发生分歧，并诉至法院。

法院审理过程中，双方分歧较大。徐某称，一、王某与洪某是夫妻关系，双方都拥有夫妻日常家事代理权，王某作为洪某的妻子有权代理洪某对二人的房产进行处分，况且房屋仅登记在王某名下。二、双方订立的房屋买卖合同合法有效，自己是善意相对人，属于善意取得，应当继续履行合同。对此，洪某称，该房产于两人婚后购买，虽登记在王某一人名下，但仍然属于夫妻共同财产。该房产价值较大，处分夫妻共有房产属于对夫妻共同财产做出重大处理，应当由夫妻双方协商，取得一致意见，王某独自处分房产的行为属于无权处分，房屋并未完成产权变更登记，因此不能发生物权变动的效果。

【案情分析】

本案的争议焦点是：王某是否有权单独处分夫妻共有房产？

首先，《民法典》第1060条规定："夫妻一方因家庭日常生活需要而实施的民事法律行为，对夫妻双方发生效力，但是夫妻一方与相对人另有约定的除外。夫妻之间对一方可以实施的民事法律行为范围的限制，不得对抗善意相对人。"可见，日常家事代理权的行使范围仅限于家庭日常事务，包括一家的食物和衣物等生活用品购买、保健、娱乐、医疗、子女的教育等支出等日常事务。对于这类事务，夫妻间均有代理权，一方不得以不知情为由而推卸共同责任。超出上述范围的家庭事务，应当由夫妻双方共同决定。本案中，涉案房产在王某与洪某的婚姻关系存续期间取得，虽然仅登记在王某一人名下，但在没有特别约定的情况下，仍属于夫妻共同财产。王某处分夫妻共同房产的行为显然不属于处理日常家庭事务，而是涉及对夫妻共同财产做出处理的重大决定，应当由夫妻双方协商决定。因此，徐某以王某行使夫妻日常家事代理权为由，认为王某有权处分不符合法律规定。

其次，《婚姻家庭编的解释（一）》第28条规定："一方未经另一方同意出售夫妻共同所有的房屋，第三人善意购买、支付合理对价并已办理不动产登记，另一方主张追回该房屋的，人民法院不予支持。"可见，夫妻一方擅自处分夫妻共同房产虽然超出了夫妻日常家事代理权的范围，构成无权处分，但是相对人可以依据善意取得制度取得不动产。就本案而言，徐某并没有完成支付合理对价，双方也没有进行不动产变更登记，因此，徐某不满足善意取得的条件。

综上，王某擅自处分夫妻共同房产的行为超出了夫妻日常家事代理权的范围，系无权处分，相对人徐某不满足不动产善意取得的条件，该房屋不发生物权变动的效果。王某和徐某作为完全民事行为能力人，基于双方合意，签订房屋买卖合同，并且该合同不违反法律的强制性规定和公序良俗，因此，该房屋买卖合同合法有效。但由于王某在签订房屋买卖合同时，未取得房屋共有人洪某的同意，导致房屋买卖合同无法实际履行，因此，徐某可以追究王某的违约责任。

22. 婚内丈夫长期在外，妻子可以要求丈夫支付空床费补偿吗？

【要点提示】

夫妻生活包含互相陪伴、互相关爱的内涵，夫妻双方应当尽可能地给予对方陪伴和关爱，但是这种陪伴和关爱更多地体现在道德伦理层面。目前，法律尚未明确规定夫妻一方可以长期分居为由，要求另一方支付空床费补偿。

【典型案例】

刘某（女）与赵某（男）为高中同学，恋爱3年后，两人于2014年登记结婚，育有一女。婚后，赵某长期在外务工，刘某则在家照顾孩子，两人共同生活时间较少，因此，双方平日缺乏沟通，交流越来越少。长期分居的生活导致双方开始互相猜忌，矛盾逐渐增多，2021年1月，刘某起诉至法院要求离婚，并提出赵某应当支付空床费补偿。

法院审理过程中，双方难以达成一致意见。刘某认为，赵某婚后长期在外地工作，一年当中回家的时间屈指可数，没有尽到做丈夫的责任，导致自己感情孤寂，赵某应当补偿这6年来其长期独自在家生活的空床费8万元。另外，赵某对自己和孩子的照顾不足，也无法按时支付自己和女儿的生活费用，导致自己生活上很拮据。自己作为妻子，在家照顾孩子、老人，还要兼顾家里的大小事务，非常辛苦，因此，在夫妻共同财产分割上自己应当多分。赵某则认为，自己外出务工是生活所迫，都是为了家庭，妻子应当理解自己在外工作的辛苦，其要求离婚的理由不成立，至于妻子要求的空床费补偿也没有法律依据。

【案情分析】

本案的争议焦点是：刘某要求赵某支付8万元的空床费补偿是否有法律依据？

首先，刘某与赵某作为夫妻，当然有相互陪伴的义务，但其义务来源更多的是婚姻伦理的本质要求，而非法律的强制性规定。在日常生活中，夫妻双方因为工作等原因而分居两地的情况很常见，不能不切实际地强行要求双方互相陪伴，一方要求另一方就分居行为支付空床费补偿没有法律依据。就本案而言，刘某和赵某分居的原因是赵某外出务工，其外出务工本身也是为了满足家庭生活的客观需要。两人作为夫妻，应当相互理解和关爱，努力协调和维护夫妻感情的和谐稳定，通过积极沟通和协商，逐步解决分居问题。刘某将分居的原因和责任均归咎于赵某一人显失公平，要求赵某向其支付空床费也没有法律依据。

其次，根据民法的一般侵权责任原理，侵权责任的构成包括违法行为、损害事实、因果关系、主观过错。也就是说，一方主张另一方承担损害赔偿责任，要另一方具有违法行为，另一方的违法行为导致己方受损，己方受损与另一方的违法行为具有因果关系，而且另一方对此具有故意或过失。本案中，赵某与刘某因工作原因分居两地不是一种违法行为，刘某缺少配偶陪伴的事实不是法律意义上的损害事实，赵某不具有过错。综上，赵某并不构成对刘某的侵权，刘某没有请求侵权损害赔偿的基础。

最后，需要说明的是，《民法典》第1059条规定："夫妻有相互扶养的义务。需要扶养的一方，在另一方不履行扶养义务时，有要求其给付扶养费的权利。”据此可知，夫妻间虽然不能强行要求对方给予陪伴，但在夫妻一方需要扶养时，另一方应当依法履行扶养义务。本案中，刘某在家照顾孩子和老人，经济上存在困难，赵某作为其丈夫，在外务工，有稳定收入，应当依法及时履行扶养义务。

23. 丈夫婚内出轨，妻子可以要求按照忠诚协议的约定进行赔偿吗？

【要点提示】

忠诚是婚姻生活的应有之义。通过签订忠诚协议的方式，约定不忠的一方向无过错方进行赔偿，该协议是否具有法律约束力尚存较大争议，在实务判例中也意见不一。法律并不排斥夫妻之间签订忠诚协议，但签订忠诚协议应当严格遵守自愿、平等协商的原则，不得违反法律的强制性规定。

【典型案例】

2015年，沈某（男）和叶某（女）登记结婚。2020年8月，叶某发现沈某与单位同事赵某存在婚外情关系，双方因此发生激烈冲突。2021年1月，叶某与沈某再次因此事发生争吵，叶某要求沈某签订一份夫妻忠诚协议，否则就去沈某单位闹事，并说出自己不活了等过激言论。沈某无奈地签订了忠诚协议，内容是：“本人由于行为不规范，对家庭和叶某造成了深深的伤害，保证今后不再出现这种行为，如再发生，本人自愿净身出户并赔偿叶某50万元。”同年6月，叶某发现沈某依然和赵某有联系，遂要求离婚，随后双方办理了离婚手续，沈某放弃家庭财产，但对忠诚协议约定的50万元赔偿并未履行。后叶某诉至法院，要求沈某履行忠诚协议约定的50万元赔偿。

在案件审理过程中，两人对忠诚协议是否有效各执一词。叶某称，沈某签订的忠诚协议是双方充分协商的结果，自己并没有强迫沈某，签订该协议是沈某的真实意思表示，该协议合法有效。现协议约定的情形已经成就，沈某应当履行忠诚协议约定的赔偿数额。沈某则称，签订忠诚协议并非其真实意思表示，而是在叶某的逼迫和威胁下被迫签订的，不是双方平等、自愿协商的结果，因此申请撤销该忠诚协议，并向法庭提交了相关证据。

【案情分析】

本案的争议焦点是：叶某与沈某签订的忠诚协议是否合法有效？

首先，《民法典》第1043条规定："家庭应当树立优良家风，弘扬家庭美德，重视家庭文明建设。夫妻应当互相忠实，互相尊重，互相关爱；家庭成员应当敬老爱幼，互相帮助，维护平等、和睦、文明的婚姻家庭关系。"可知，夫妻双方在婚姻关系存续期间应当互相忠实。《婚姻家庭编的解释（一）》第4条规定："当事人仅以民法典第一千零四十三条为依据提起诉讼的，人民法院不予受理；已经受理的，裁定驳回起诉。"依其规定，《民法典》第1043条不具有单独可诉性，但这不意味着夫妻忠实义务不受法律约束，民事主体可以就民事权利义务关系的变动达成协议，因此，叶某与沈某签订夫妻忠诚协议的行为并不被法律排斥。

其次，应考虑叶某与沈某签订夫妻忠诚协议时，是否满足民事法律行为的有效条件。《民法典》第143条规定："具备下列条件的民事法律行为有效：（一）行为人具有相应的民事行为能力；（二）意思表示真实；（三）不违反法律、行政法规的强制性规定，不违背公序良俗。"本案中，沈某称其签订忠诚协议并非出自本人的真实意愿，而是受到叶某胁迫。结合本案事实，叶某在要求沈某签订夫妻忠诚协议时，以去沈某单位闹事以及寻死等过激言论为要挟，使得沈某不得不签署该协议，可以认定沈某签订该协议并非其本人真实意思表示，欠缺民事法律行为的有效要件。《民法典》第150条规定："一方或者第三人以胁迫手段，使对方在违背真实意思的情况下实施的民事法律行为，受胁迫方有权请求人民法院或者仲裁机构予以撤销。"受胁迫从事民事法律行为申请撤销的期限为一年。叶某与沈某签订夫妻忠诚协议的时间是2021年1月，距2021年6月沈某请求法院撤销该协议并未超出1年的除斥期间，因此，沈某有权申请撤销该协议。

最后，应考虑夫妻忠诚协议是否因涉及身份关系而无效的问题。《民法典》合同编第464条规定："……婚姻、收养、监护等有关身份关系的协议，适用有关该身份关系的法律规定；没有规定的，可以根据其性质参照适用本编规定。"据此，法律并没有全盘否定忠诚协议的效力，忠诚协议中关于身份关系的内容不得违反有关该身份协议的法律规定，而对于没有规定的部分，则可以参照合同编的规定处理。

24. 离婚诉讼期间妻子不断被丈夫骚扰，如何申请人身安全保护令？

【要点提示】

健康权、人身自由权等是人格权的重要组成部分，受法律保护。婚姻关系存续期间，夫妻任何一方不得向对方实施殴打、监禁、辱骂等伤害身体健康、限制人身自由、侮辱人格的行为。离婚时，夫妻一方对另一方实施暴力等侵害人身权行为时，另一方有权向人民法院申请人身安全保护令。

【典型案例】

翁某（男）与陈某（女）经媒人介绍认识，相识不久后两人就办理了结婚登记。婚后，陈某发现翁某经常喝酒、赌博，因为此事两人时常发生争吵，翁某多次动手殴打陈某。经双方亲属规劝，翁某多次承诺改正，但总是过两天之后又故态复萌，因此，陈某诉至法院要求离婚。在诉讼期间，翁某经常通过手机短信骚扰、辱骂陈某，并且在陈某租住处对其实施拦截和殴打，致使陈某右耳创伤性鼓膜穿孔及身体多处软组织挫伤。随后，陈某向人民法院申请人身安全保护令，要求法院判令翁某不得殴打、威胁陈某，禁止翁某骚扰、跟踪陈某。

对此，翁某辩称，自己不同意离婚，其行为并没有构成家庭暴力，只是希望挽留妻子，就算有动手也是因为陈某说话太过绝情激怒自己，其没有伤害的故意，而且也不严重。陈某并不认同这一说法，称翁某骚扰辱骂自己有确切证据，其暴力行为之前已经被公安机关处理过，而且有医院的伤情诊断记录等证据。

【案情分析】

本案的争议焦点是：陈某所面临的情形是否符合申请人身安全保护令的法定条件？

首先，家庭暴力是指家庭成员之间以殴打、捆绑、残害、限制人身自由以及经常性谩骂、恐吓等方式实施的身体、精神等侵害行为。因为翁某在婚姻关系存续期间存在赌博恶习且屡教不改，导致夫妻感情破裂，在离婚诉讼期间，翁某多次短信辱骂，且对陈某实施拦截、殴打行为，这些家庭暴力行为均有证据予以证明。结合翁某以往的行为和态度来看，其没有任何悔改迹象，陈某的人身安全仍然无法得到保障，仍面临家庭暴力的现实危险。

其次，《民法典》第1042条规定："……禁止家庭暴力。禁止家庭成员间的虐待和遗弃。"其第1004条规定："自然人享有健康权。自然人的身心健康受法律保护。任何组织或者个人不得侵害他人的健康权。"其第1011条规定："以非法拘禁等方式剥夺、限制他人的行动自由，或者非法搜查他人身体的，受害人有权依法请求行为人承担民事责任。"自然人的身体健康和人身自由受法律保护，任何人不得随意侵犯，婚姻中的夫妻双方并不会因为结婚而丧失或减弱上述任何权利。本案中，翁某多次辱骂、拦截、殴打陈某的行为显然严重侵害了陈某的合法权益，翁某实施家庭暴力的行为应当被禁止，陈某有权要求翁某承担民事责任。

最后，《反家庭暴力法》第3条规定："……国家禁止任何形式的家庭暴力。”其第27条规定：“作出人身安全保护令，应当具备下列条件：（一）有明确的被申请人；（二）有具体的请求；（三）有遭受家庭暴力或者面临家庭暴力现实危险的情形。”本案中，翁某对陈某实施了家庭暴力，陈某面临家庭暴力的现实危险，符合《反家庭暴力法》第3条、第27条的规定。《反家庭暴力法》第29条规定：“人身安全保护令可以包括下列措施：（一）禁止被申请人实施家庭暴力；（二）禁止被申请人骚扰、跟踪、接触申请人及其相关近亲属；（三）责令被申请人迁出申请人住所；（四）保护申请人人身安全的其他措施。”因此，陈某有权请求人民法院签发人身安全保护令，禁止翁某对其实施家庭暴力或其他骚扰、跟踪等行为。

25. 妻子擅自堕胎，丈夫可以侵害生育权为由主张损害赔偿吗？

【要点提示】

夫妻双方共同享有生育权，但是女性在怀孕的情况下有优先于男性的生育决定权。婚姻关系存续期间，丈夫以妻子擅自中止妊娠侵犯其生育权为由请求损害赔偿没有法律依据。

【典型案例】

谢某（男）与杨某（女）于2019年下半年确定恋爱关系，经相互了解后，于2020年11月订婚。不久后，杨某怀孕，2021年1月，两人在家乡民政部门办理了结婚登记。同年2月，杨某与谢某的父亲因为贷款买车的问题发生激烈矛盾，影响了两人的感情，双方未能按照当地风俗举办婚礼。同年3月，杨某进行了引产手术，双方隔阂进一步加深。谢某于同年7月提起离婚诉讼。

在法庭审理过程中，两人就杨某自行决定堕胎的问题产生争议。谢某称，杨某当初以怀孕为由逼婚，婚前索要巨额彩礼，婚后又因男方家庭不能满足杨某的物质要求，在未与自己协商的情况下，擅自堕胎，已经严重侵犯了自己的生育权，导致自己因为失去孩子而承受巨大的悲痛，要求杨某对此赔付10万元。杨某称，谢某所说与事实不符，两人婚前感情基础薄弱，办理结婚登记是出于自己怀孕后的无奈之举，并未以此为由索要巨额彩礼。结婚后自己在谢某家中时常遭到家人冷落，在此期间，其情绪压抑，胎儿发育已经受到严重影响，胎儿畸形风险较大，在医生的建议下决定堕胎，就算谢某不同意，自己也有权决定，并未侵犯谢某的生育权。

【案例分析】

本案的争议焦点是：谢某向杨某提出的生育权损害赔偿是否具有法律依据?

首先，夫妻双方在生育子女的权利上是平等的，双方应当协商决定，任何组织和个人不得侵犯夫妻双方的合法生育权。但在已经怀孕的情况下，女性在生育决定权上优先于男性，应当首先尊重女性的意愿。谢某与杨某因家庭事务渐生矛盾，杨某作为妻子，其在是否终止妊娠的决定权上优先于谢某。

其次，《妇女权益保障法》第32条规定："妇女依法享有生育子女的权利，也有不生育子女的自由。"根据本条规定，女性享有是否生育的自由，并没有规定女性在生育决定权上需要与男性达成一致。该规定虽然不否定男性拥有生育权，但反映了女性在生育权中占据更突出的地位，首先要保证女性的生育自由。本案中，杨某作为女性，享有女性生育自由的权利，可以自主决定是否中止妊娠，谢某的生育权不得靠强制要求杨某继续妊娠来实现。

最后，《婚姻家庭编的解释（一）》第23条规定："夫以妻擅自中止妊娠侵犯其生育权为由请求损害赔偿的，人民法院不予支持；夫妻双方因是否生育发生纠纷，致使感情确已破裂，一方请求离婚的，人民法院经调解无效，应依照民法典第一千零七十九条第三款第五项的规定处理。"据此，丈夫向妻子提起的生育权损害赔偿请求无法得到法院支持，女性也无须因为擅自中止妊娠而承担损害赔偿的责任。夫妻双方因生育权问题发生纠纷，致使夫妻感情破裂，一方请求离婚的，人民法院经调解无效，可以作为准予离婚的法定情形。本案中，虽然杨某终止妊娠的行为未经谢某同意，但谢某就此提起生育权损害赔偿没有法律依据，杨某无须对此赔偿。

26. 丈夫承诺将自己的个人房产赠与妻子，事后可以反悔吗?

【要点提示】

婚前或者婚姻关系存续期间，当事人约定将一方所有的房产赠与另一方或者共有，赠与方可以在赠与房产变更登记之前撤销赠与。另一方请求判令继续履行的，赠与人在赠与财产的权利转移之前享有任意撤销权，但经过公证或者依法不得撤销的具有救灾、扶贫、助残等公益、道德义务性质的赠与行为除外。

【典型案例】

2020年9月，李某（男）和孙某（女）在一次旅游的过程中认识，随后互生好感，坠入热恋。李某口头承诺要将自己的某处个人房产赠与孙某，孙某听后大为感动，当即表示接受，更加坚定和李某的感情。李某名下拥有多套房产，个人经济条件较好。2021年1月，两人办理了结婚登记手续，结婚后，孙某提及李某之前承诺的要将一套房产赠与自己一事，此时处于新婚期的李某满口答应，与孙某签订了赠与合同，表示以后有时间再去过户。此后两人暂未提起此事。同年4月，孙某要求李某和自己一起去不动产管理部门进行房屋产权变更登记，此时李某明确表示拒绝，两人为此大吵一架。

随后，孙某将李某告上法庭，要求继续履行赠与合同。孙某称，李某不仅口头承诺要将自己名下的一套房产赠与自己，而且双方签订了赠与合同，说明这是李某的真实意思表示，赠与合同没有违反法律的强制性规定和公序良俗，合法有效，李某应当履行。李某对此辩称，自己之前虽然承诺过要将自己的一套个人房产赠与孙某，但那是一时冲动，不是自己的真实意思表示，而且法律规定在赠与财产交付前，赠与人享有任意撤销权，因此，自己有权撤销赠与合同。

【案情分析】

本案的争议焦点是：李某是否可以撤销对于孙某的赠与？

首先，赠与行为是具有民事行为能力的自然人处分自己财产的行为，只要赠与人表示赠与，受赠人表示接受赠与，赠与合同即告成立。婚前或者婚姻关系存续期间，当事人都可以约定将一方所有的房产赠与另一方或者共有。因此，本案中李某婚前表示将自己的个人房产赠与孙某，孙某表示接受赠与，两人之间的赠与合同成立。

其次，《婚姻家庭编的解释（一）》第32条规定："婚前或者婚姻关系存续期间，当事人约定将一方所有的房产赠与另一方或者共有，赠与方在赠与房产变更登记之前撤销赠与，另一方请求判令继续履行的，人民法院可以按照民法典第六百五十八条的规定处理。"本案中，李某婚前表示将自己的一套个人房产赠与孙某，但该房产并没有进行产权变更登记，现在孙某请求判令李某继续履行，就应当按照《民法典》第658条的规定处理，即"赠与人在赠与财产的权利转移之前可以撤销赠与。经过公证的赠与合同或者依法不得撤销的具有救灾、扶贫、助残等公益、道德义务性质的赠与合同，不适用前款规定。"据此，李某和孙某之间的赠与合同虽然已经成立，但是双方约定赠与的房产没有进行产权变更登记，换言之，赠与财产的权利并没有完成转移。李某和孙某之间的赠与合同亦没有进行公证，该赠与合同也不具有救灾、扶贫、助残等公益、道德义务的性质，因此，李某在赠与房产变更登记之前有权撤销赠与。

综上所述，孙某请求判令李某继续履行赠与的诉求无法得到支持，李某有权撤销赠与。

27. 妻子婚前持有的股权，婚后转让产生的增值收益属于夫妻共同财产吗?

【要点提示】

婚姻关系存续期间，夫妻一方或双方从事生产、经营、投资等所获得的收益，属于夫妻共同财产，一方以个人财产投资取得的收益也应当属于夫妻共同财产。但是，一方个人财产在婚后产生的孳息和自然增值仍属于个人财产。

【典型案例】

谭某（女）与雷某（男）系夫妻关系。婚前谭某经商积累了颇多财富，并且持有一家房地产公司15%的股权，但该房地产公司于两人婚前就已停止了经营活动。婚后两人各自忙于自己的事业，均无暇顾及家庭，两人的感情逐渐产生裂痕，随着双方矛盾不断增多，两人商议离婚。在财产分割上，针对谭某婚后将其婚前所持有的房地产公司股权转让而产生的增值收益是否属于夫妻共同财产的问题，双方无法达成一致意见，雷某随后就此事向人民法院提起离婚财产纠纷诉讼。

法庭审理过程中，雷某称，谭某所持有的股权经转让后产生的增值收益部分属于投资收益，应为夫妻共同财产。而谭某对此并不认同，认为自己所持有的房地产公司股权系婚前取得，属于自己的个人财产，并且该公司在两人结婚前就已停止了经营活动。该公司的股权之所以升值，是因为公司拥有的建设用地升值，不应算作投资经营收益，而应是自然增值。个人财产于婚后产生的自然增值不应当被认定为夫妻共同财产，而是其个人财产。

【案情分析】

本案的争议焦点是：谭某个人财产的股权转让产生的增值收益是否属于夫妻共同财产?

首先，婚后所得共同制是我国的法定财产制，在夫妻双方没有特别约定的情况下，均应当认定采用婚后所得共同制，但是根据婚前个人财产不因婚姻关系的延续而转化为夫妻共同财产的原则，在雷某与谭某没有特别约定的情况下，该股权仍属谭某的个人财产。

其次，《民法典》第1062条规定："夫妻在婚姻关系存续期间所得的下列财产，为夫妻的共同财产，归夫妻共同所有：（一）工资、奖金、劳务报酬；（二）生产、经营、投资的收益；（三）知识产权的收益；（四）继承或者受赠的财产，但是本法第一千零六十三条第三项规定的除外；（五）其他应当归共同所有的财产。夫妻对共同财产，有平等的处理权。"该条第5项中的"其他应当归共同所有的财产"即包括一方以个人财产取得的投资收益。因此，区分谭某转让股权取得的收益是投资收益还是自然增值是本案的关键。投资收益和自然增值的区别主要在于：投资收益是指财产所有人对财产进行经营管理而产生的收益，是人为因素的结果；而自然增值是指因财产所有人以外的因素使得财产增值，财产所有人并没有起到积极推动作用。本案中，该房地产公司虽然处于存续状态，但是并未实际经营，谭某持有该公司的股权价值变化主要是由于当地房地产市场行情引起的变动，并不是谭某对公司进行经营管理或者利用该股权进行再投资的收益，因此，该股权转让时产生的收益属于自然增值。

最后，《婚姻家庭编的解释（一）》第26条规定："夫妻一方个人财产在婚后产生的收益，除孳息和自然增值外，应认定为夫妻共同财产。"换言之，夫妻一方个人财产在婚后产生的孳息和自然增值仍属于个人财产。本案中，谭某转让股权取得的收益在性质上属于自然增值，因此，该收益属于谭某的个人财产，不应作为夫妻共同财产进行分割。

28. 丈夫所有的著作权及其收益属于夫妻共同财产吗？

【要点提示】

夫妻在婚姻关系存续期间取得的知识产权的收益属于夫妻共同财产。知识产权的收益是指婚姻关系存续期间，实际取得或者已经明确可以取得的财产性利益。著作权作为知识产权的一种，夫妻在婚姻关系存续期间实际取得或者已经明确可以取得的著作权收益属于夫妻共同财产。

【典型案例】

李某（女）与张某（男）婚后共同生活近5年，后因感情不和，两人办理了离婚手续。离婚后，李某认为两人还有共同财产未分割，遂要求对此部分财产进行分割，张某不同意，随后李某就离婚后财产纠纷一事起诉至法院。原来张某是一位颇有名气的作家，其名下拥有多本书的著作权，李某要求对张某名下的著作权以及著作权收益按照夫妻共同财产进行分割。

在审理过程中，李某要求将张某在中国版权保护中心备案的著作权判归其所有，并且两人婚内及离婚后一年以内的著作权收益的50%归其所有，共计200万元，其理由是夫妻在婚姻关系存续期间所得的知识产权的收益属于夫妻共同财产。张某称，其所拥有的著作权在婚姻关系存续期间仅产生80万元的收益，其著作权于双方离婚后产生的收益与李某无关。至于李某要求分割其名下的著作权，张某认为著作权具有人身属性，属于其个人所有，李某无权要求分割。经法院查明，张某名下共有12套书籍的著作权，婚姻关系存续期间，张某的著作权收益为80万元，离婚后明确可以取得及实际取得的著作权收益为60万元。

【案情分析】

本案的争议焦点是：张某的著作权收益应当如何分割，以及李某是否有权分割张某的著作权？

首先，《民法典》第1062条规定："夫妻在婚姻关系存续期间所得的下列财产，为夫妻的共同财产，归夫妻共同所有：……（三）知识产权的收益；……"。《婚姻家庭编的解释（一）》第24条规定："民法典第一千零六十二条第一款第三项规定的'知识产权的收益'，是指婚姻关系存续期间，实际取得或者已经明确可以取得的财产性收益。”本案中，张某和李某是合法的夫妻关系，张某名下的著作权在婚姻关系存续期间取得的收益，应当属于夫妻共同财产，李某有权主张对张某在婚姻关系存续期间取得的80万元著作权收益进行分割。对于两人离婚后张某取得的60万元著作权收益，因该收益实际取得及明确可以取得的时间均在两人离婚以后，因此，该部分著作权收益不属于婚姻关系存续期间取得的知识产权收益，该部分属于张某的个人财产，李某对此无权要求分割。李某主张的200万元著作权收益，因其没有进行相应的举证，该请求无法得到支持。

其次，著作权的取得包含著作人身权和著作财产权。就著作人身权而言，该权利的取得属于权利人的智力成果，有较强的人身依附性，具有不可转让性。李某没有参与张某名下作品的创作，因此不享有著作人身权，其要求将张某名下的著作权权利人变更登记为自己的诉求没有法律依据。

综上，李某有权要求对张某名下著作权于婚姻关系存续期间实际取得的80万元收益进行分割，其要将著作权权利人变更为自己的诉求没有法律依据。

29. 妻子继承其父亲的房产属于夫妻共同财产吗?

【要点提示】

一般而言，婚姻关系存续期间，夫妻一方通过继承取得的财产属于夫妻共同所有。但是，遗嘱中确定该遗产只归夫妻一方的，则该遗产属于夫妻一方的个人财产。

【典型案例】

韩某（女）与何某（男）于2008年办理结婚登记，婚后两人相处还算融洽。2020年6月，韩某的父亲因病去世，留有一套个人房产，韩某是其父亲唯一的直系亲属，因此，韩某继承了该房产并将其过户至自己一人名下。2021年6月开始，韩某与何某因家庭琐事频繁发生冲突，遂决定离婚，但对于韩某从其父亲处继承的房产是否属于夫妻共同财产，两个人产生争执。

何某称，婚姻关系存续期间，夫妻一方通过继承取得的财产属于夫妻共同所有，因此，对于韩某从其父亲处继承的房产，自己应享有一半的财产份额，其有权要求对该房产进行分割。韩某称，其父亲生前留下口头遗嘱，表示该房产仅由韩某一人继承，并且该房产仅登记在自己一人名下，因此，该房产是自己的个人财产，何某无权要求分割。后经法院审理查明，并没有见证人证实韩某父亲曾留下口头遗嘱，亦没有其他证据予以佐证，因此，不能认定韩某父亲曾留下口头遗嘱。

【案情分析】

本案的争议焦点是：韩某从其父亲处继承的房产是否属于夫妻共同财产？

首先，《民法典》第1062条规定："夫妻在婚姻关系存续期间所得的下列财产，为夫妻的共同财产，归夫妻共同所有：……（四）继承或者受赠的财产，……"。据此可知，婚姻关系存续期间，夫妻一方继承所得的财产为夫妻共同财产，归夫妻共同所有。本案中，韩某继承其父亲的房产是在与何某的婚姻关系存续期间，符合上述法律规定，该房产应当归韩某和何某共同所有。

其次，《民法典》第1063条规定："下列财产为夫妻一方的个人财产：……（三）遗嘱或者赠与合同中确定只归一方的财产；……"。本案中，韩某称其父亲曾留下口头遗嘱表示该房产只归其一人所有，但是并没有其他见证人予以证实。《民法典》第1138条规定："遗嘱人在危急情况下，可以立口头遗嘱。口头遗嘱应当有两个以上见证人在场见证。危急情况消除后，遗嘱人能够以书面或者录音录像形式立遗嘱的，所立的口头遗嘱无效。"据此，在没有见证人的情况下，该口头遗嘱属于无效遗嘱，韩某从其父亲处继承的房产不属于遗嘱中确定只归夫妻一方的财产。因此，该房产属于韩某与何某的夫妻共同财产，离婚时，何某有权要求分割。

最后，需要特别说明的是，虽然该房产仅登记在韩某一人名下，但是认定房屋是否属于夫妻共同房产，并不是以房产证上记载的是双方姓名还是一方姓名为标准，而应当以该房产的实际取得方式为标准。夫妻一方在婚姻关系存续期间继承或者受赠的财产，除遗嘱或者赠与合同中确定只归一方的财产外，均属于夫妻共同财产。

30. 丈夫于婚姻关系存续期间取得的住房公积金属于夫妻共同财产吗？

【要点提示】

夫妻双方在婚姻关系存续期间实际取得或者应当取得的住房补贴、住房公积金，属于夫妻共同财产。双方离婚后，夫妻一方于婚姻关系存续期间取得的住房公积金未分割的，另一方可以请求人民法院予以分割。

【典型案例】

2005年4月，王某（女）与齐某（男）登记结婚，后因感情不和，两人于2021年4月协议离婚。离婚时双方签订了《离婚协议书》，对夫妻共同财产、共同债务做出处理，但并未涉及齐某于婚姻关系存续期间取得的住房公积金。同年9月，王某向法院提起离婚财产纠纷诉讼，主张两人还有夫妻共同财产未做分割，要求依法分割齐某在婚姻关系存续期间取得的住房公积金共计20万元。

在审理过程中，齐某称，双方在离婚时已经签订了《离婚协议书》，并对夫妻共同财产与债务做出处理，双方应当遵守协议。就算自己名下的住房公积金未分割，也是王某当初自己没有要求分割，属于王某自行放弃该财产权利。王某则称，婚姻关系存续期间夫妻双方取得的住房公积金属于夫妻共同财产，自己享有份额，应当进行分割。应王某的申请，法院调取了齐某名下的住房公积金明细，2005年4月至2021年4月，齐某名下共取得住房公积金20万元。双方离婚时，该住房公积金未分割。

【案情分析】

本案的争议焦点是：离婚后，王某是否有权要求分割齐某名下的住房公积金?

首先，住房公积金是在职职工的长期住房储金，是职工解决家庭住房问题的重要资金来源，具有福利性的特点。从其性质和作用上看，住房公积金与婚姻家庭生活具有密切关系，对职工家庭住房的保障起到重要作用，并非仅仅是针对职工本人的个人福利，夫妻双方互相拥有对方于婚姻关系存续期间取得的住房公积金财产权益。

其次，《婚姻家庭编的解释（一）》第25条规定："婚姻关系存续期间，下列财产属于民法典第一千零六十二条规定的'其他应当归共同所有的财产'：……（二）男女双方实际取得或者应当取得的住房补贴、住房公积金；……"。本案中，齐某于婚姻关系存续期间共计取得的住房公积金20万元应当认定为夫妻共同财产。

最后，上述司法解释第83条规定："离婚后，一方以尚有夫妻共同财产未处理为由向人民法院起诉请求分割的，经审查该财产确属离婚时未涉及的夫妻共同财产，人民法院应当依法予以分割。"本案中，王某与齐某协议离婚后虽签订了《离婚协议书》，但并未涉及齐某于婚姻关系存续期间取得的住房公积金，属于尚有夫妻共同财产未处理的情形，王某于离婚后请求人民法院分割该住房公积金符合上述法律规定，法院应予支持。

31. 丈缴纳的养老保险费属于夫妻共同财产吗?

【要点提示】

婚后，夫妻以共同财产缴纳基本养老保险费的，离婚时，如一方尚未退休，不符合领取基本养老保险金的条件，另一方可以主张将养老金账户中婚姻关系存续期间个人实际缴纳的部分及利息作为夫妻共同财产进行分割。

【典型案例】

2010年5月，王某（男）与杨某（女）登记结婚。婚姻关系存续期间，王某在一家煤矿企业工作，定期缴纳基本养老保险费；杨某从事个体生意，没有缴纳基本养老保险费。2021年3月起，双方因为感情问题频频发生冲突，经亲友劝说仍无好转。同年6月，杨某向法院提起离婚诉讼，并要求对夫妻共同财产进行分割。

法院受理此案后，对案件展开审理。双方对绝大部分共同财产的分割处理达成一致意见，但对于王某缴纳的养老保险费应该如何分割产生分歧。杨某称，王某的养老保险费余额22万元系利用两人的共同财产缴纳，应当属于夫妻共同财产，对半分割。王某对此表示反对，认为虽然自己的养老保险费有利用夫妻共同财产缴纳的部分，但仅限个人实际缴纳的部分，企业缴纳的部分并不属于夫妻共同财产。另外，只有在婚姻关系存续期间个人实际缴纳的部分属于夫妻共同财产，其婚前缴纳的养老保险费属于个人财产。经法院查明，王某的养老金账户余额为22万元，婚前缴纳部分及利息共计4万元，婚姻关系存续期间缴纳部分及利息共计18万元，此部分中个人实际缴纳部分及利息共计9万元。

【案情分析】

本案的争议焦点是：王某缴纳的养老保险费应当如何分割？

首先，养老保险金是指国家和社会在劳动者年老丧失劳动能力的情况下，为使其老有所养、安度晚年而给予劳动者的经济帮助和社会保险。《婚姻家庭编的解释（一）》第25条规定："婚姻关系存续期间，下列财产属于民法典第一千零六十二条规定的'其他应当归共同所有的财产'：……（三）男女双方实际取得或者应当取得的基本养老金、破产安置补偿费。”本案中，杨某申请离婚时，王某尚未退休，不符合领取基本养老保险金的条件，两人并不存在应当按照夫妻共同财产处理的基本养老保险金。

其次，《婚姻家庭编的解释（一）》第80条规定：“离婚时夫妻一方尚未退休、不符合领取基本养老金条件，另一方请求按照夫妻共同财产分割基本养老金的，人民法院不予支持；婚后以夫妻共同财产缴纳基本养老保险费，离婚时一方主张将养老金账户中婚姻关系存续期间个人实际缴纳部分及利息作为夫妻共同财产分割的，人民法院应予支持。”据此，司法解释明确了两个问题：第一，离婚时，如果一方尚未退休，不符合领取养老保险金的条件，另一方要求提前分割基本养老保险金的，法院不予支持。第二，养老金账户余额中属于夫妻共同所有的部分，仅限婚姻关系存续期间，利用夫妻共同财产缴纳的部分及利息，而不包括企业缴纳的部分。本案中，两人离婚时，因王某尚未退休，不符合领取基本养老保险金的条件，但杨某可以要求分割王某养老金账户中婚姻关系存续期间个人实际缴纳部分及利息。

综上，王某于婚姻关系存续期间个人实际缴纳的养老保险费及利息9万元属于夫妻共同财产，杨某对此部分有权要求分割。杨某要求按照王某的养老金账户总余额22万元进行分割的诉求，没有法律依据。

32. 夫妻一方婚前按揭婚后共同还贷的房屋属于夫妻共同财产吗?

【要点提示】

夫妻一方婚前利用个人财产交付首付款，不动产登记在首付款支付方名下，婚后利用夫妻共同财产偿还贷款的，离婚时，该房产的分割应当由夫妻双方协商处理。双方如果无法达成一致意见，由人民法院依法判决该房产归登记一方。双方婚后共同还贷及其相应的升值部分，由不动产登记一方向另一方进行补偿。

【典型案例】

2013年，邓某（男）与刘某（女）在朋友聚会中相识，随后互生好感。2014年4月，两人办理结婚登记。起初夫妻感情尚好，后因家庭琐事产生矛盾，双方于2021年1月开始分居生活。同年4月，刘某起诉至法院要求离婚。婚前，邓某于2013年9月购买住房一套，交付了30万元的首付款，并贷款30万元。婚后，2014年4月至2021年1月双方共计偿还贷款12万元，现该房屋价值84万元。针对该房产应当如何分割，双方产生争议，请求法院依法分割。

邓某称，该房产是自己婚前购置，房屋产权证书上也只有其自己的姓名，属于个人财产，不属于夫妻共同财产，刘某无权要求分割，即使现在双方要离婚，也只能适当补偿刘某于婚姻关系存续期间为房贷还款支出过的费用，而不能分割房产。刘某称，虽然房产是邓某婚前购买，但是婚后两人共同还贷，邓某为家庭贡献较小，房产这几年中也有较大升值，自己当然有权要求分割该房产。法院经审理查明，该房产确系两人婚前购买，产权登记在邓某名下，两人婚后使用双方的工资偿还贷款，应当认定为使用夫妻共同财产进行还贷。现该房产价值84万元，双方对这一价值并无异议，相较于购买房屋时的60万元总价有较大升值。

【案情分析】

本案的争议焦点是：该房产利益在双方离婚时应当如何分配？

首先，房产的取得时间节点以及首付款的支付构成对于判定一套房产是否属于夫妻共同财产尤为重要。该案争议房产的购买时间是两人婚前，且首付款是用邓某的个人财产支付，应当认定此时取得的房产属于邓某的个人财产。两人结婚后，虽然使用了夫妻共同财产用于偿还房贷，但根据婚前个人财产不因婚姻关系的延续而转化为夫妻共同财产的原则，除夫妻另有约定外，该房产并不转化为夫妻共同财产。

其次，《婚姻家庭编的解释（一）》第78条规定：“夫妻一方婚前签订不动产买卖合同，以个人财产支付首付款并在银行贷款，婚后用夫妻共同财产还贷，不动产登记于首付款支付方名下的，离婚时该不动产由双方协议处理。依前款规定不能达成协议的，人民法院可以判决该不动产归登记一方，尚未归还的贷款为不动产登记一方的个人债务。双方婚后共同还贷支付的款项及其相对应财产增值部分，离婚时应根据民法典第一千零八十七条第一款规定的原则，由不动产登记一方对另一方进行补偿。”《民法典》第1087条第1款规定：“离婚时，夫妻的共同财产由双方协议处理；协议不成的，由人民法院根据财产的具体情况，按照照顾子女、女方和无过错方权益的原则判决。”本案中，该房产由邓某婚前使用个人财产支付首付款，并办理了银行贷款，且不动产登记在邓某名下，现双方无法就该房产处理达成一致意见，因此，该房产应判归邓某所有，由邓某偿还剩余贷款。同时，由于两人婚后利用夫妻共同财产偿还房贷，刘某有权要求邓某就双方共同还贷的部分及其对应的增值部分按照《民法典》第1087条的规定向其作出补偿。

综上，邓某应当按照婚后共同还贷支付的款项及其相应的财产增值部分对刘某进行补偿，共同还贷补偿款的计算公式为：夫妻共同支付金额×50%，即12万×50%=6万，房屋增值补偿款的计算公式为：不动产升值率×夫妻共同支付金额×50%，即（84万/60万－1）×12万×50%=2.4万，因此，邓某应当补偿刘某共同还贷金额和房屋升值补偿金额共计8.4万元。

33. 夫妻一方取得的工伤赔偿金属于夫妻共同财产吗？

【要点提示】

一方因受到人身伤害而获得的医疗费、残疾人生活补助费、工伤赔偿等补偿和赔偿，是因其受到人身损害而取得的赔偿金和补偿费。该种财产具有人身专属性，是用于保障受害人生活和康复的基本费用，属于个人所有，在没有特别约定的情况下，在离婚时不能作为夫妻共同财产进行分割。

【典型案例】

朱某（男）与王某（女）系夫妻关系，婚后两人育有一儿一女，在外人看来是一个幸福的家庭，事实上却经常发生争吵，有时甚至会大打出手，因此也被公安机关处罚过，但夫妻关系并没有好转，反而每况愈下，最终王某于2020年10月起诉到法院要求离婚。朱某当庭表示同意离婚，但是对于共同财产如何分割持有异议，其中一点就是要求王某返还之前其取走的朱某工伤赔偿款15万元。王某对此表示，该钱款应当按照夫妻共同财产进行分割，不能全额返还。

法院审理过程中，朱某称，该钱款是自己在工厂上班期间因工伤而获得的补偿，属于人身损害赔偿，具有专属性，应属于自己的个人财产，王某无权要求分割。王某则称，该赔偿款的取得时间是在两人婚姻关系存续期间，属于夫妻共同财产，而且在朱某受伤后，自己悉心照料，挣钱养家，其有权要求分割该工伤赔偿款。法院审理后查明，2020年3月，王某将该笔工伤赔偿款分3次取出，并存入其个人银行账户。

【案情分析】

本案的争议焦点是：朱某取得的工伤赔偿款是否应当按照夫妻共同财产进行分割?

首先，该工伤赔偿款的取得是因为朱某在工作期间受到人身损害，在性质上属于人身损害赔偿，具有人身专属性和依附性，是对受害人身体或精神上所受损害的弥补，在朱某和王某没有特别约定的情况下，该财产始终都应当是朱某的个人财产。

其次，《民法典》第1063条规定：“下列财产为夫妻一方的个人财产：……（二）一方因受到人身损害获得的赔偿或者补偿；……”。本案中，朱某因受工伤而获得的赔偿款应属于个人财产。至于王某称自己在朱某受工伤期间悉心照顾朱某，付出较大精力，《民法典》第1059条规定："夫妻有相互扶养的义务。需要扶养的一方，在另一方不履行扶养义务时，有要求其给付扶养费的权利。"该扶养义务既包括物质上的供养，也包括生活上的扶助。朱某受伤期间，王某作为妻子有照顾朱某的法定义务，该行为属于王某履行自己的法定义务，并不能因此将该工伤赔偿款转化为夫妻共同财产。

综上，该工伤赔偿款作为朱某的个人财产，在两人没有特别约定的情况下，王某将其私自占有的行为已经侵害了朱某的合法财产权益。朱某作为财产所有人，有权要求王某返还财产，王某应承担返还财产的民事责任。在王某不主动返还的情况下，朱某可以请求法院判令王某返还。

34. 弟弟赠与姐姐汽车，姐夫享有财产份额吗？

【要点提示】

婚姻关系存续期间，夫妻一方接受赠与的财产一般情况下应当认定为属于夫妻共有，但是赠与合同中已经明确约定只归一方的财产除外。如果赠与人与受赠人明确约定，赠与财产只归受赠人，表明所赠财产具有鲜明的个人属性，也体现了赠与人作为原财产权利人的个人意愿。

【典型案例】

徐某（男）与马某（女）经朋友介绍认识，经过一段时间的相处，关系也算融洽，于2018年登记结婚。婚后两人均在老家工作，经济上并不宽裕。2021年12月，马某的弟弟马某强回家探亲，见姐姐每天都要骑电动车上班，便决定送姐姐一辆汽车。原来马某强一直在外经商，经济上比较宽裕。随后马某强购置了一辆汽车，并与马某签订了赠与合同，合同中明确约定该汽车仅赠与马某一人，后将汽车过户至马某名下。

2022年5月，马某发现徐某与一位女子频繁联系，随后在徐某手机中发现两个人有不正当关系的证据，遂向法院起诉离婚。在进行夫妻共同财产分割时，徐某要求对马某名下的汽车进行分割，理由是该汽车的取得来自马某弟弟的赠与，取得时间是在两人婚姻关系存续期间，因此该汽车属于夫妻共同财产。马某反驳称，该汽车是其弟弟赠与自己，并且赠与合同中已经明确约定了该汽车是对其本人的赠与，徐某不享有该汽车的任何权利，并向法庭出示了赠与合同原件。马某强亦向法庭作证，该汽车是对其姐姐个人的赠与。

【案情分析】

本案的争议焦点是：马某从其弟弟处受赠的汽车是否属于夫妻共同财产？

首先，争议财产属于夫妻共有财产是进行离婚财产分割的前提条件，如果争议财产明确只归一方所有，另一方于离婚时要求分割该财产就没有法律依据。本案争议财产是由马某的弟弟赠与马某，赠与时间是在马某与徐某婚姻关系存续期间，因此，马某的弟弟在赠与汽车时，是否明确表示仅赠与其姐姐一人是本案的关键。本案中，马某强在将汽车赠与马某时，与马某签订了赠与合同，合同中明确约定该汽车仅赠与马某一人，马某强亦向法庭作证，该汽车是对马某的个人赠与，据此，可以确定该案争议的财产是马某强对马某个人的赠与，并不是对夫妻二人的共同赠与。

其次，《民法典》第1063条规定："下列财产为夫妻一方的个人财产：……（三）遗嘱或者赠与合同中确定只归一方的财产；……"。据此可知，婚姻关系存续期间，夫妻一方在接受赠与时，赠与合同中确定只归一方的财产，该受赠财产属于个人财产。本案中，马某的弟弟在赠与汽车时已经表明了自己的意愿，明确了该赠与财产只归马某一方所有，因此，该汽车系马某的个人财产。

综上，该案争议财产属于马某的个人财产，徐某并不享有财产份额，无权要求分割。

35. 婚后夫妻一方的父母为夫妻二人购房出资属于对夫妻双方的共同赠与吗？

【要点提示】

父母为子女出资购房的情况十分常见，但是父母出资的时间以及出资时的约定对于出资份额的归属有着重要影响。当事人结婚前，父母为双方购置房产出资的，该出资应当认定为对自己子女个人的赠与，但父母明确表示赠与双方的除外。当事人结婚后，父母为双方购置房产出资的，依照约定处理，没有约定或者约定不明确的，视为对夫妻双方的赠与。

【典型案例】

2014年8月，张某（男）和郑某（女）经朋友介绍认识，经过一段时间的了解，两人都觉得挺合适，2015年10月，双方办理了结婚登记。婚后，两个人一直在外地工作，因为积蓄有限，加之张某在老家已经有了住房，两个人并没有在工作地买房。2020年9月，张某的父母提出可以为张某夫妻在工作地买房提供资助，张某夫妇便开始寻找合适的房源。2021年1月，张某夫妻二人选定了一套房子，并拿出了两个人50万元的积蓄，张某的父母为二人购房又出资100万元，购买了该套房产，房产登记在张某名下。张某的父母在为二人购置房屋出资时，并没有约定该出资是否是对张某一人的赠与。后郑某觉得仅把房产登记在张某一人名下可能损害自己的财产权益，遂要求张某将自己添加为房产共有人，张某表示拒绝。经多次沟通无果后，郑某向法院提起离婚诉讼，要求对该房产进行分割。

在法庭审理过程中，双方各执一词。张某称，该房产购置时，只有50万元是夫妻二人支付，其父母出资的100万元是对自己的个人赠与，自己只能就夫妻双方出资的部分补偿郑某，郑某无权就整套房产要求进行分割。郑某反驳称，该房产是夫妻二人于婚姻关系存续期间取得，归夫妻双方共同所有。虽然在该房产的购置款中包含张某父母出资的100万元，但张某父母出资时，并没有对该出资的归属进行约定，应当视为对夫妻双方的赠与。因此，自己是该套房产的共有人，有权要求进行分割。

【案情分析】

本案的争议焦点是：张某父母为二人购房的出资是否属于对夫妻二人的共同赠与？

首先，购置该房产的款项中包含张某夫妇的出资以及张某父母的出资。张某夫妇使用二人积蓄支付的房款来自夫妻共同财产，因此，由此部分取得的房产份额归夫妻双方共同所有。张某父母为二人购房出资，其本质上是一种赠与行为，在赠与时，赠与人可以对赠与财产的归属做出约定。本案中，张某的父母在为二人购房出资时，并没有与张某夫妇就该出资的归属进行约定。

其次，《婚姻家庭编的解释（一）》第29条规定："当事人结婚前，父母为双方购置房屋出资的，该出资应当认定为对自己子女个人的赠与，但父母明确表示赠与双方的除外。当事人结婚后，父母为双方购置房屋出资的，依照约定处理；没有约定或者约定不明确的，按照民法典第一千零六十二条第一款第四项规定的原则处理。"可见，当事人结婚后，父母为双方购置房产出资的，可以事先进行约定。本案中，张某父母为二人购房出资的时间是在张某和郑某结婚后，但没有对该出资性质进行约定，属于没有约定的情形，因此，应按照《民法典》第1062条第1款第4项规定的原则处理，即夫妻在婚姻关系存续期间继承或者受赠的财产，除本法1063条第3项规定的外，为夫妻共同财产，归夫妻共有。可见，在当事人婚后，父母为夫妻二人购房出资的，在没有约定或约定不明确的情况下，属于对夫妻双方的赠与，为夫妻共同财产。

综上，该案争议的房产归张某与郑某共同所有，郑某有权要求分割该房产。

36. 夫妻一方持有的贵重金银首饰等生活用品是个人财产吗？

【要点提示】

一方专用的生活用品为夫妻一方的个人财产。一方专用的生活用品具备两个属性：一是一方专用，反映了该用品所具有的人身依附属性；二是生活用品，反映了该用品与日常生活的联系。贵重金银首饰等生活用品虽然价值较大，但其具有一方生活专用的属性，仍应当认定为夫妻一方的个人财产。

【典型案例】

于某（男）与姜某（女）经人介绍认识，于2014年登记结婚，婚后两个人育有一女，感情尚可。2020年9月，于某发现姜某与一陌生男子多次通话，短信来往频繁，两个人因此事发生矛盾。同年10月，双方再次因此事发生争吵，姜某便离家与于某分居。2021年2月，两人沟通无果后，于某向法院提起离婚诉讼，并要求对夫妻共同财产进行分割。

在共同财产的分割过程中，双方的主要争议是如何分配婚姻关系存续期间夫妻一方取得的贵重金银首饰等物品。在双方婚姻关系存续期间，于某为姜某购置了大量金银首饰等贵重物品，价值约8万元。姜某称，这些物品是属于自己的个人财产，其理由是这些物品都是女性配饰，男性根本无法使用，因此，这些金银首饰具有个人专用性。自己日常生活中经常佩戴、使用这些金银首饰，属于自己的生活用品，请求法院判令这些财产归自己所有。于某反驳称，第一，这些物品都是在两人婚后购买的，购买使用的资金为夫妻共同财产，因而购买的这些贵重物品也应当属于夫妻共同财产。第二，这些物品不属于一方专用的生活用品，姜某持有的贵重物品的价值属性大于实用属性，与日常生活本身并没有紧密联系，认定为一方专用的生活用品对自己显失公平。

【案情分析】

本案的争议焦点是：姜某持有的金银首饰等生活用品是否属于一方专用的生活用品？

首先，一方专用的生活用品是指为了满足生活需要，由一方专属使用的物品，比如一方的衣物、洗漱用品等。《民法典》规定，一方专用的生活用品属于夫妻一方的个人财产，其目的是保障夫妻一方稳定使用专用生活用品，以维持正常有序的生活，避免将一方专用的生活用品作为夫妻共同财产进行分割，从而影响原使用方的正常生活。本案中，在婚姻关系存续期间，于某为姜某购买的大量贵重金银首饰等物品，具有明显的性别属性，是由姜某个人专属使用，这也符合于某为姜某购买该物品时的意愿，同时，这些首饰也是姜某日常生活中所使用的物品。因此，姜某持有的贵重金银首饰等物品在性质上属于一方专用的生活用品。

其次，《民法典》第1063条规定："下列财产为夫妻一方的个人财产：……（四）一方专用的生活用品；……"。该案争议的财产在性质上属于一方专用的生活用品，并不能因为其价值较大就否认这一属性，应当认定为夫妻一方的个人财产。需要注意的是，在《民法典》明确规定一方专用的生活用品为夫妻一方的个人财产，且没有但书规定的情况下，不能对一方专用的生活用品进行限缩解释，将价值较大的生活用品排除在该规定之外。因此，姜某持有的金银首饰等专用生活用品应当认定为姜某的个人财产。

最后，婚姻关系存续期间，夫妻双方在共同财产的使用分配上具有平等的权利，双方均可以为自己或对方购置相对贵重的生活用品。通常来说，夫妻双方都各自拥有一些价值较大的生活用品，在没有特别约定的情况下，这些一方专用的生活用品应当属于夫妻一方的个人财产。本案中，于某有权使用夫妻共同财产为姜某购置贵重金银首饰等生活用品，这些贵重金银首饰由姜某一人专用亦没有违背于某购买时的意愿，在双方没有特别约定的情况下，这些贵重金银首饰等生活用品属于姜某的个人财产。

在《民法典》编纂过程中，有意见认为，利用夫妻共同财产购买的价值较大的生活用品，即使由一方专属使用，也不应当认定为该方专用的生活用品，否则对夫妻另一方显失公平，但最终该建议未被《民法典》所采纳。因此，就目前而言，价值大小并不能成为一方专用生活用品的判断标准，还是应当严格遵循是否由一方专用以及是否属于生活用品的判断标准。

37. 夫妻一方通过个人房产获得的租金是共同财产吗?

【要点提示】

婚姻关系存续期间，夫妻双方取得的生产、经营、投资收益为夫妻共同财产，归夫妻共有。夫妻一方个人房产出租时，其在出租过程中往往会包含另一方参与经营管理的劳动因素，或者使用夫妻共同财产对原个人房产进行装修或修缮，以提升原房屋出租的价值，由此产生的租金应当认定为投资收益。

【典型案例】

李某（男）与郑某（女）是单位同事，经自由恋爱后，于2010年8月登记结婚。婚前，李某拥有一套自己全款购买的房产，但由于房子面积太小，无法满足婚后两个人以及日后家庭成员增多的居住需要，二人便凑钱又购置了一套面积较大的房屋。李某原有的那套房屋在进行装修后用于出租，主要由郑某负责出租并收取租金，每年租金大约1.5万元。2021年1月，两人因为感情问题发生激烈冲突，双方互不退让，随后李某向法院提起离婚诉讼，并要求就夫妻共同财产进行分割。

在本案审理过程中，李某称，郑某应当返还其收取的李某个人房产的租金，理由是该房产系自己婚前购买，属于个人财产，婚后该房屋出租从而产生租金，租金属于法定孳息，因此也是自己的个人财产。郑某反驳称，虽然该房产系李某婚前购买，属于李某的个人财产，但该房产于婚姻关系存续期间利用夫妻共同财产进行装修，并且出租事宜一直是自己负责，自己参与了经营管理，因此，该租金收益属于投资、经营收益，归夫妻共同所有，应当按照夫妻共同财产进行分割。

【案情分析】

本案的争议焦点是：李某的个人房产出租产生的收益是否属于夫妻共同财产？

首先，该房屋由李某于婚前全款购买，在李某与郑某没有特别约定的情况下，该房产始终是李某的个人房产。婚前个人财产婚后产生的收益属于夫妻共同财产还是一方的个人财产取决于该收益的性质。传统民法理论认为，租金是由租赁法律关系而产生的收益，属于法定孳息，但在婚姻家庭法领域，将房屋租金视为法定孳息的观点有待商榷。我国法定的夫妻财产是婚后所得共同制，其本质是将婚姻家庭视为一个整体，反映夫妻双方共同生活的现实特点，是夫妻双方经济关系趋向一体化的体现。夫妻一方个人房产婚后出租，往往会包含另一方参与经营与管理的劳动因素，或者使用夫妻共同财产对原个人房产进行装修或修缮，以提升原房屋出租的价值。在婚姻家庭法领域，夫妻一方个人房产婚后出租的收益应当属于投资收益，具有夫妻共同财产的属性，这也是婚后所得共同制对婚后经济实力较弱一方的保护。

其次，《婚姻家庭编的解释（一）》第25条规定："婚姻关系存续期间，下列财产属于民法典第一千零六十二条规定的'其他应当归共同所有的财产'：（一）一方以个人财产投资取得的收益；……"可知，一方的个人财产在婚姻关系存续期间取得的投资收益归夫妻共同所有。本案中，用于出租的房屋虽然是李某的个人财产，但夫妻双方利用共同财产对该房屋进行了装修，以提升房屋出租的商业价值，郑某对出租事宜进行了经营管理，其本质是一种投资行为，因此，该房屋出租所得的收益应当认定为一方以个人财产投资取得的收益，归夫妻共同所有。

综上，因该房屋出租所得的收益属于夫妻共同财产，李某主张租金收益是其个人财产的诉求不能成立，该租金收益应当按照夫妻共同财产予以分割。

38. 夫妻一方婚后以个人所有房屋取得的拆迁补偿款是否属于夫妻共同财产？

【要点提示】

夫妻一方婚后因个人婚前所有房屋拆迁而取得拆迁补偿款，系原被拆迁房屋所有权的权利延伸和转化。根据婚前个人财产不因婚姻关系的延续而转化为夫妻共同财产的原则，该拆迁补偿款仍归夫妻一方个人所有，但夫妻双方另有约定的除外。

【典型案例】

2008年6月，李某（男）与张某（女）经人介绍认识，同年10月，两人登记结婚。双方均系再婚，婚后居住在李某个人所有的房产中。2020年8月，李某的住房面临拆迁，两人开始因为拆迁问题频繁发生矛盾，致使夫妻感情破裂。2021年3月，双方再次因为拆迁补偿款分配问题发生争吵并打架，张某随后向法院提起离婚诉讼，并要求分割拆迁补偿款。据法院查明，此次拆迁采用现金补偿的方式，李某共计获得拆迁补偿款150万元。

在本案审理过程中，关于拆迁补偿款的分配，双方分歧较大。李某称，被拆迁的房屋是自己婚前购置的房产，属于个人财产，该房屋的拆迁补偿款是对自己个人房产被拆迁的补偿，依然属于自己的个人财产，与张某无关。张某对此并不认同，认为自己和李某在2008年10月登记结婚，该房产被拆迁及拆迁补偿款的取得时间是2019年8月，属于夫妻关系存续期间取得的财产，应属于夫妻共同所有。因此，自己有权要求分割该拆迁补偿款。

【案情分析】

本案的争议焦点是：李某婚后以个人所有房屋取得的拆迁补偿款是否属于夫妻共同财产？

首先，被拆迁房屋是李某婚前购置的个人房产，在所有权归属上属于李某的个人财产，拆迁补偿款是对李某原有的个人房产被拆迁的财产补偿。显然，该拆迁补偿款的获得是建立在李某对于原婚前个人房产拥有所有权的基础上，是李某对原有被拆迁房屋所有权的权利转化。

其次，《民法典》第1063条规定："下列财产为夫妻一方的个人财产：（一）一方的婚前财产；……"《婚姻家庭编的解释（一）》第31条规定："民法典第一千零六十三条规定为夫妻一方的个人财产，不因婚姻关系的延续而转化为夫妻共同财产。但当事人另有约定的除外。"因此，由于李某与张某婚后没有对李某婚前所有的个人房产归属进行约定，则该房产依然属于李某的个人财产，并不会因婚姻关系的延续而转化为夫妻共同财产，而该房产拆迁取得的拆迁补偿款仍属于张某的个人财产。

39. 夫妻婚内财产约定对第三人具有法律约束力吗？

【要点提示】

夫妻在婚姻关系存续期间取得的财产，在没有特别约定的情况下，归双方共同所有。夫妻双方可以就婚姻关系存续期间所得的财产以及婚前财产的归属进行约定，该约定对于夫妻双方具有法律约束力。如果夫妻对婚姻关系存续期间所得的财产约定归各自所有，夫或妻一方对外所负的债务，相对人知道该约定的，以夫或妻一方的个人财产清偿。

【典型案例】

2005年4月，单某（男）与曹某（女）登记结婚。单某平时从事工程业务，后因市场行情不好，资金链出现问题，单某便向好友黄某借款80万元用于资金周转，双方约定1年后单某偿还借款。后还款期限届满，单某以各种理由拒绝偿还借款，随后黄某将单某和曹某作为共同被告起诉至法院，要求双方共同承担还款责任。

在法庭审理过程中，曹某主张自己没有还款义务，称其和单某结婚后双方对婚内财产进行了约定，约定婚姻关系存续期间所得财产均归各自所有，各自所负的债务也均是个人债务，并向法庭提交了其与单某签订的《婚内财产协议书》。关于黄某对此是否知情，曹某称，黄某是单某的好友，两人关系密切，应该是知情的，但并未向法庭举证。黄某反驳称，自己虽然和单某是朋友关系，但是并不了解单某的家庭情况，单某与曹某从未将二人对夫妻财产进行约定一事告诉自己。即使单某与曹某约定婚姻关系存续期间所负债务均由各自承担，在自己不知道该约定的情况下，夫妻双方仍负有偿还债务的义务。法院经审理后查明，单某名下共有存款10万元，曹某名下共有存款160万元。

【案情分析】

本案的争议焦点是：曹某和单某的夫妻财产约定对黄某是否具有法律约束力？

首先，《民法典》第1065条第1款、第2款规定："男女双方可以约定婚姻关系存续期间所得的财产以及婚前财产归各自所有、共同所有或者部分各自所有、部分共同所有。约定应当采用书面形式。没有约定或者约定不明确的，适用本法第一千零六十二条、第一千零六十三条的规定。夫妻对婚姻关系存续期间所得的财产以及婚前财产的约定，对双方具有法律约束力。"据此，曹某和单某作为夫妻，可以对婚姻关系存续期间取得的财产归属进行约定。双方约定婚姻关系存续期间所得财产均归各自所有，该约定对单某和曹某具有法律约束力。

其次，《民法典》第1065条第3款规定："夫妻对婚姻关系存续期间所得的财产约定归各自所有，夫或者妻一方对外所负的债务，相对人知道该约定的，以夫或者妻一方的个人财产清偿。”可见，夫妻之间的婚内财产约定并不能直接对第三人产生效力，只有当相对人知道该约定时，夫妻双方的婚内财产约定才可以对抗第三人，否则，该婚内财产约定仅能约束夫妻双方。本案中，曹某和单某订立的婚内财产约定虽然对夫妻双方具有法律约束力，但是如果要对抗黄某的债权，必须有证据证明单某向黄某借款时，黄某知晓两人的婚内财产约定。

最后，《婚姻家庭编的解释（一）》第37条规定：“民法典第一千零六十五条第三款所称‘相对人知道该约定的’，夫妻一方对此负有举证责任。”据此，曹某对于黄某知晓两人之间的婚内财产约定的主张负有举证责任。现曹某并没有证据证明黄某知道夫妻二人的婚内财产约定，因此，曹某应当承担举证不能的不利后果。法院判定单某向黄某借款时，黄某并不知晓两人的婚内财产约定，该约定无法对抗黄某，曹某负有和单某共同还款的义务。

40. 夫妻一方未经对方同意，擅自转让名下的股权有效吗？

【要点提示】

夫妻在婚姻关系存续期间所得的生产、经营、投资的收益为夫妻共同财产。夫妻一方利用夫妻共同财产开设企业而取得的股权亦应当属于夫妻共同财产。需要注意的是，夫妻一方对股权享有财产权利并不能直接行使股东权利，还须具有股东资格。股权的性质较为特殊，其转让应当遵循商法规范。夫妻一方未经对方同意，转让其名下股权的行为有效，转让股权所得的价款为夫妻共同财产。

【典型案例】

张某（男）与艾某（女）于2000年10月登记结婚，2003年12月，张某利用夫妻共同财产1200万元和其他人一起成立一家矿产开采企业，张某占有55%的股权，股权登记在张某名下。2020年8月，张某与刘某签订了一份股权转让协议，约定张某将自己在该公司的全部股权转让给刘某，股权转让对价为3.2亿元。在协议签订时，刘某支付定金8000万元，其余款项在双方完成权利移交、变更工商登记等其他手续后分两次6个月内付清。随后双方办理了相应的变更手续，刘某支付了剩余款项。

2021年1月，张某的妻子艾某对股权转让一事提出异议，随即起诉至法院，要求确认该股权转让行为无效，撤销股权转让协议。她的理由是：第一，该公司是在张某与艾某夫妻关系存续期间使用夫妻共同财产设立的，股权虽然仅登记在张某一人名下，但仍然属于夫妻共同财产。张某未经艾某同意，擅自处分夫妻共同财产，构成无权处分，其处分行为无效。第二，刘某不构成善意取得，刘某在与张某签订股权转让协议时，明知上述股权属于夫妻共同财产，其收购应当征得共有人的同意，而刘某并未向艾某征求意见，艾某也没有在股权转让协议上签字，因此应当推定刘某不构成善意取得。刘某对于上述理由均表示不认同，认为自己在整个股权转让过程中并无违规，遵守了商法的相关规范，其与张某签订了股权转让协议，并支付了对价，工商变更手续也已依法办理，自己是该股权的合法权利人。

【案情分析】

本案的争议焦点是：张某未经妻子同意，擅自转让其名下股权的行为是否有效？

首先，《民法典》第1062条规定："夫妻在婚姻关系存续期间所得的下列财产，为夫妻的共同财产，归夫妻共同所有：……（二）生产、经营、投资的收益；……"。本案中，该矿产开采企业是张某利用夫妻共同财产开设的，由此取得的股权财产利益及经营收益也应当属于夫妻共同财产。张某作为该股权的登记人，具有股东资格，依法行使股东权利，享有该股权的相关权益；艾某不具有股东资格，不能直接行使股东权利，但艾某是该股权所代表的财产利益的共有人。

其次，张某转让其名下股权的行为有效。股权作为一项特殊的财产权，除具有财产权益内容外，还具有与股东个人的社会属性及其特质、品格密不可分的人格权、身份权等内容。行使股东权利应当具有股东资格。如无特别约定，对于自然人股东而言，股权仍属于商法规范内的私权范畴，其各项具体权能应由股东本人独立行使，不受他人干涉。在股权流转方面，《公司法》确认的合法流转主体也是股东本人，而不是其所在的家庭。可见，从商法的角度看，张某转让股权的行为并非无权处分，因此，亦不涉及善意取得问题；艾某并非该股权的登记人，不具有股东资格，不得行使股东权利，因此，其也不具有转让该股权的主体资格。

最后，综合全案，张某因转让其持有的矿产开采企业股权事宜，与刘某签订股权转让协议，双方从事该项民事交易活动时，民事主体适格，意思表示真实，协议内容不违反法律的强制性规定，该股权转让协议有效，并且双方已经完成了工商变更登记。因此，张某转让其名下股权一事虽未经妻子同意，但其转让行为依然有效。艾某作为该股权所代表财产权益的共有人，对该股权的转让价款享有份额。

41. 夫妻一方以个人名义所借债务是否属于夫妻共同债务？

【要点提示】

在婚姻关系存续期间，夫妻一方以个人名义所借债务超出家庭日常生活需要的，不属于夫妻共同债务。但是，债权人如果能够证明其为夫妻共同生活、共同生产经营或者基于夫妻共同意思表示的除外。

【典型案例】

李某（女）与陈某（男）结婚两年。在婚姻关系存续期间，李某与陈某因资金周转不开而无法按时偿还房贷（二人共有房屋），于是李某向父亲老李求助，老李转款10万元给李某。李某认为需要与父亲签订借款合同，于是在李某再三要求下，老李与李某签订借款合同。李某收到借款后立即将款项转给陈某，陈某随后也将当天偿还房贷的银行账户流水截图给李某。一年后，李某与陈某因感情破裂离婚。此时，老李要求李某与陈某共同偿还一年前所借的10万元。陈某认为，老李是在李某的要求下才签订借款合同，实质上属于对子女的赠与，并且现在李某与自己已经离婚，老李在此前并未提出需要偿还该笔债务，因此陈某认为，李某与老李之间存在恶意串通，意图让其与李某共同承担清偿责任。同时，陈某还指出借款合同上并没有他的签字。因此，就该笔债务是属于李某的个人债务还是属于李某与陈某的共同债务，双方产生严重分歧。

【案情分析】

本案的争议焦点是：李某以个人名义所借的债务是否属于夫妻共同债务？

首先，这笔钱是借款，不是老李对李某夫妇的赠与。虽然在借款时老李认为无须订立借款合同，但最终还是以借款合同形式确认李某与老李之间存在债权债务关系。在父母没有明确表示出资是赠与的情况下，不能因此认定这是父母对子女的赠与，应属于临时性的资金出借，子女负有偿还义务，所以老李向李某转账的10万元属于出借，而不是赠与。

其次，这笔钱虽不属于因家庭日常生活需要所负债务，但属于为了满足夫妻共同生活需要的情况。《民法典》第1064条第2款规定："夫妻一方在婚姻关系存续期间以个人名义超出家庭日常生活需要所负的债务，不属于夫妻共同债务；但是，债权人能够证明该债务用于夫妻共同生活、共同生产经营或者基于夫妻双方共同意思表示的除外。"在本案中，根据其夫妻双方平日开支可知，李某以个人名义向老李所借的10万元并不属于家庭日常生活所需，但是房贷是夫妻共有房屋所产生的，属于为满足夫妻共同生活需要所负的债务，所以李某和陈某应当承担共同偿还义务。

最后，债权人老李能证明这笔钱用于李某夫妇的共同生活。根据《民法典》第1064条第2款规定的除外条款，本案中的债权人老李举证证明，李某将借款转入陈某的账户当日，陈某即将该笔款项用于偿还夫妻共有房屋贷款。该笔借款的用途是偿还李某夫妇共同生活所需所负债务，因此双方负有连带清偿责任。

42.夫妻一方使用他人信用卡消费，另一方是否有偿还义务?

【要点提示】

夫妻平等地享有日常家事代理权。夫妻一方为日常家庭生活需要而借款时，双方应共同承担还款义务。如果超出家庭日常生活需要，就不属于夫妻共同债务，但是，如果债权人有证据证明该借款用于夫妻共同生活、共同生产经营或者基于夫妻双方共同意思表示，则依旧为夫妻共同债务。对于夫妻一方使用他人信用卡消费的，应依据夫妻另一方对此是否知情，或者消费数额及用途来认定，而不应简单认定为一方的个人债务。

【典型案例】

李某（女）和赵某（男）是夫妻关系，共同经营一家副食品店。李某在婚姻关系存续期间向马某借款。马某希望提高自己某行信用卡的信用额度，于是就将卡借给李某消费。即将到信用卡还款日时，马某发现卡内尚未存入应还的8万元，便要求李某清偿，李某称无资金归还。经马某多次催告，李某依旧未偿还借款。因此，马某起诉至法院，要求李某和赵某共同偿还该笔债务。其理由是，借给李某的信用卡银行流水显示，李某在家庭电器用品店消费1万元，在珠宝店消费2万元，还有一笔5万元用于食品进货。但赵某认为，自己对马某出借信用卡给李某消费并不知情，即便银行流水显示该借款用于购买家庭电器与珠宝，也不能因此认定为属于家庭生活的需要。赵某还认为，应结合用于此类消费的次数与金额来判断。信用卡在此类商品上多次使用，一天消费的次数甚至多达5次，并且消费额度较大，对于一个正常家庭来说属于异常消费，因此赵某主张借款是李某的个人债务。

【案情分析】

本案的争议焦点是：李某借用他人信用卡消费的债务是否属于夫妻共同债务？

首先，李某使用信用卡购买家用电器，属于家庭日常生活需要，所产生的债务应由夫妻共同偿还。《民法典》第1064条第1款规定，夫妻一方在婚姻关系存续期间以个人名义为家庭日常生活需要所负的债务，属于夫妻共同债务。如何认定家庭日常生活需要应综合判断，要求该行为对夫妻共同生活产生决定性的影响或者将改变家庭的日常生活状态。本案中，李某为购买家用电器而借款，结合夫妻二人共同经营副食品店的收入可知，该行为并未超出该家庭生活水平，属于行使日常家事代理权的范围。因此，该笔债务属于赵某与李某夫妻的共同债务。

其次，李某用于副食品店进货所产生的债务，赵某应当与其共同清偿。根据《民法典》第1064条第2款，李某借款中的5万元虽然超出家庭日常生活的需要，但是如果债权人马某能够证明这笔钱是用于夫妻共同生产经营，则应当认定其属于李某与赵某的夫妻共同债务。由于这5万元是用于李某和赵某共同经营的副食品店进货，因此该笔债务应由李赵两人共同承担连带清偿责任。

最后，李某多次在珠宝店消费，总额为2万元，不属于夫妻共同债务。根据《民法典》第1064条，夫妻一方以个人名义所产生的债务被认定为夫妻共同债务，主要以家庭由借款受益为认定标准。李某珠宝消费的行为并不属于家庭需要或者夫妻共同生活所需，同时也并不存在赵某对此债务的事后追认，因此该笔债务应当由李某自己承担偿还义务。

43. 夫妻分居期间，一方能否处分登记于自己名下的共有房屋?

【要点提示】

夫妻双方分居时仍处于婚姻关系存续期间的，夫妻对共同财产有平等的处理权，因此，夫妻一方处分登记在其名下的共有房屋属于无权处分。第三人善意购买、支付合理对价并办理不动产登记后，便获得该住房的所有权。夫妻另一方不可追回该房屋，但是可以在离婚时请求出卖房屋的一方赔偿损失。

【典型案例】

陈某（女）与王某（男）是夫妻关系。双方婚后共同购置一处房产，以王某名义办理土地使用权证和房屋所有权证。结婚5年后，二人长期处于分居状态。由于王某与他人合伙经营和投资时欠下多笔借款无法及时偿还，急需现金流运转企业，于是王某意识到房屋所有权证上登记的是自己的姓名，意图出售该房屋。某日，在房屋买卖中介机构工作人员的介绍下，王某与徐某订立房屋买卖合同。陈某知道此事后，向法院诉请解除合同。

陈某认为，王某以个人名义将房屋出卖给徐某属于无权处分，同时徐某与王某订立合同时已经知晓房屋是陈某和王某共有的事实，徐某并不属于善意第三人。另外，陈某并未对此事后追认，因此，王某与徐某签订的房屋买卖合同对其不产生法律效力。

王某认为，自己在出售该房屋时，陈某并未对此提出反对意见，应当视为对出售房屋行为的认同。因此，王某与徐某签订的房屋买卖合同合法有效。

【案情分析】

本案的争议焦点是：王某与陈某分居期间是否有权处分登记在自己名下的共有房屋？

首先，陈某和王某虽然分居，但仍处于婚姻关系存续期间，对夫妻共有房屋享有平等的处理权。根据《民法典》第301条以及第1062条，陈某和王某在婚姻关系存续期间所购得的房产属于夫妻共同所有，王某以个人名义将该房屋出售属于无权处分。

其次，徐某作为善意第三人，支付合理对价并已办理不动产登记，可取得该屋所有权。《婚姻家庭编的解释（一）》第28条第1款规定：“一方未经另一方同意出售夫妻共同所有的房屋，第三人善意购买、支付合理对价并已办理不动产登记，另一方主张追回该房屋的，人民法院不予支持。”所谓“善意”，指的是第三人以不动产登记簿记载事项作为判断的依据。所谓“合理对价”，指的是根据转让标的物的性质、数量、交易地市场价格以及交易习惯等因素综合认定。本案中，徐某向王某支付合理的对价，并且在办理房屋登记时信赖房屋登记簿只有王某一人姓名的事实，可判定徐某属于善意第三人，因此徐某可以获得该房屋的所有权。

最后，徐某取得该房屋的所有权后，陈某可在与王某离婚时请求赔偿损失。根据上述司法解释第28条，夫妻另一方请求赔偿损失，是以提起离婚诉讼为前提，不可未离婚而单独提起损害赔偿诉讼。本案中，陈某可以在与王某离婚时，请求王某承担赔偿责任。

44. 夫妻一方基于侵权行为产生的债务，另一方是否负有偿还义务?

【要点提示】

夫妻一方因侵权行为所产生的债务，原则上属于侵权一方的个人债务，因为通常情况下，侵权行为不能使夫妻另一方受益，但例外时则属于夫妻共同债务。如果侵权行为发生在婚姻关系存续期间，而行为发生的主要原因是获得家庭利益，即夫妻另一方对侵权行为的相关后果存在获益可能性，则双方应承担共同清偿责任。

【典型案例】

唐某（男）和王某（女）是夫妻关系。唐某以开出租车为业，在一次出车中因过度疲劳而超速行驶并闯红灯，撞上正通过人行道的周某，造成其左侧肱骨中段骨折并错位。住院期间周某花费6万元，出院后又支出修复费1万元。周某请求唐某支付该费用，唐某称自己无钱支付。于是周某诉至法院，请求唐某赔偿医疗费用。法院判决唐某赔偿医疗费，唐某在履行期届满后依旧未支付，周某便请求法院强制执行。被执行人唐某仍未履行该义务，因此产生迟延履行的利息。一年后，唐某的妻子王某诉至法院，要求与其离婚。离婚诉讼中，王某与唐某均未提及前述判决书中尚未偿还的案款及迟延履行的债务利息。之后，唐某以离婚后财产纠纷为由起诉，要求王某共同负担该笔债务及延迟给付所产生的利息。

王某认为，交通事故由唐某一人造成，属于唐某的个人债务，同时还主张自己已经和唐某离婚，双方在离婚时并未提及该债务。因此，自己对唐某的债务不承担偿还责任。唐某则认为，王某应与之共同承担偿还责任。交通事故虽是唐某造成，但是交通事故产生的根本原因是为了家庭生活需要而工作，并且唐某开出租车的营业收入为家庭共有，因而产生的侵权债务应属于夫妻共同债务。

【案情分析】

本案的争议焦点是：唐某一方侵权行为所产生的债务是否属于夫妻共同债务？

首先，唐某对周某造成损害所产生的医疗费用，属于唐某与王某夫妻的共同债务。夫妻一方造成的侵权行为，一般属于个人债务，但是当该侵权行为由家庭生活、经营活动产生，或者活动产生的收益归家庭所有时，应当认定为夫妻共同债务。因此，本案中的唐某在与王某在婚姻关系存续期间，为维持家庭生活出车发生交通事故所产生的侵权之债，应属于夫妻共同债务。

其次，迟延履行判决所产生的利息仍属于唐某和王某的夫妻共同债务。《民事诉讼法》第260条规定：“被执行人未按判决、裁定和其他法律文书指定的期间履行给付金钱义务的，应当加倍支付迟延履行期间的债务利息。被执行人未按判决、裁定和其他法律文书指定的期间履行其他义务的，应当支付迟延履行金。”唐某作为被执行人，未按判决指定期间履行给付金钱义务，由此产生较高的迟延履行利息，仍属于夫妻共同债务，由唐某和王某共同负担。但是，由于该笔利息产生的主要原因系唐某未及时履行该判决，因此利息部分应当由唐某承担较大份额，王某承担较小份额。

最后，唐某在离婚后对共同债务清偿后，有权向王某追偿。《民法典》第1089条规定：“离婚时，夫妻共同债务应当共同偿还。共同财产不足清偿或者财产归各自所有的，由双方协议清偿；协议不成的，由人民法院判决。”《婚姻家庭编的解释（一）》第35条规定：“当事人的离婚协议或者人民法院生效判决、裁定、调解书已经对夫妻财产分割问题作出处理的，债权人仍有权就夫妻共同债务向男女双方主张权利。一方就夫妻共同债务承担清偿责任后，主张由另一方按照离婚协议或者人民法院的法律文书承担相应债务的，人民法院应予支持。”本案中，唐某和王某在离婚协议中并未提及该债务，不影响其属于夫妻共同债务的事实。因此，唐某对周某侵权所产生的债务承担清偿责任后，有权向王某追偿。

45. 夫妻一方清偿个人债务时唯一共同房产是否可以排除执行?

【要点提示】

“保障被执行人及其所扶养家属最低生活标准所必需的居住房屋”并不是指该房屋的所有权，而是指满足家庭成员日常需要的居住权。夫妻一方清偿个人债务需要执行唯一住房时，夫妻另一方不能以“该房屋为家庭唯一住房”为由排除法院查封、拍卖与变卖该房产。作为财产共有人的债务人配偶可与债权人协议分割共有财产，协议经债权人认可后，法院查封、扣押、冻结效力只及于夫妻一方（被执行人）在分割后享有的财产，但是由于房屋的不可分割性，所以对唯一住房不可签订分割协议排除法院执行。

【典型案例】

钱某（男）与余某（女）是夫妻关系。二人共有一套房产，登记在钱某名下。钱某与他人合伙经营中，出现资金链断裂，急需现金流，于是向齐某借款60万元。钱某到还款日仍未偿还该笔借款，因此齐某向法院申请执行钱某名下的房产。法院作出执行裁定查封此套房产。余某不服，称其婚后无固定收入，平时靠兼职贴补家用，主要工作是在家照顾孩子。其家庭资金均用于生产经营，储蓄较少，甚至无法支付子女上学的费用，须向他人借贷进行支付。余某认为，法院将夫妻唯一共有房产查封，将直接影响其家庭的正常生活，即使查封，也应该在夫妻对共同财产进行分割之后，因此应中止查封共同房产。

债权人齐某认为，其同意法院对共同房产执行所得的价款，参照当地房屋租赁市场平均租金标准扣除5至8年租金，可以保证钱某和余某家庭基本的生活需要，并不会对其家庭基本生活产生直接重大影响，因此可以执行唯一共同房产。

【案情分析】

本案的争议焦点是：被执行人作为夫妻共同房屋的共有人，其唯一房产是否可以被法院查封、拍卖或变卖？

首先，该房屋作为夫妻共同共有财产，法院可以依法查封。原则上，夫妻一方的个人债务，应当先以自己的个人财产予以清偿，不足以清偿的部分，可以夫妻共同财产清偿。最高人民法院《关于人民法院民事执行中查封、扣押、冻结财产的规定》（2020年修正）第12条第1款规定：“对被执行人与其他人共有的财产，人民法院可以查封、扣押、冻结，并及时通知其共有人。”本案中作为债权人的齐某，可以向法院申请执行钱某和余某的共有房屋。

其次，夫妻双方达成财产分割协议并经债权人同意后，可以排除法院执行。最高人民法院《关于人民法院民事执行中查封、扣押、冻结财产的规定》（2020年修正）第12条第2款规定："共有人协议分割共有财产，并经债权人认可的，人民法院可以认定有效。"将夫妻共有财产作为排除执行的理由，需要夫妻双方存在共同财产分割协议，并得到债权人齐某同意。但是由于房产属于不可分割的财产，应当看作一个整体，因此余某与钱某无法以房屋达成财产分割协议为由排除法院执行。

最后，执行人在承诺保障扶养家属维持生活必需居住房屋后，可以申请执行债务人的唯一住房。最高人民法院《关于人民法院民事执行中查封、扣押、冻结财产的规定》（2020年修正）第4条规定："对被执行人及其所扶养家属生活所必需的居住房屋，人民法院可以查封，但不得拍卖、变卖或者抵债。"该规定只是强调保障家属生活的居住权，并不代表不可处分房屋的所有权。上述规定第5条规定："对于超过被执行人及其所扶养家属生活所必需的房屋和生活用品，人民法院根据申请执行人的申请，在保障被执行人及其所扶养家属最低生活标准所必需的居住房屋和普通生活必需品后，可予以执行。"最高人民法院《关于人民法院办理执行异议和复议案件若干问题的规定》（2020年修正）第20条规定："金钱债权执行中，符合下列情形之一，被执行人以执行标的系本人及所扶养家属维持生活必需的居住房屋为由提出异议的，人民法院不予支持：……（三）申请执行人按照当地廉租住房保障面积标准为被执行人及所扶养家属提供居住房屋，或者同意参照当地房屋租赁市场平均租金标准从该房屋的变价款中扣除五至八年租金的；……"本案中，齐某同意参照当地房屋租赁市场平均租金标准，从该房屋的变价款中扣除5至8年租金，能够满足保障钱某所扶养家属按最低生活标准所需的居住条件，故余某并不能以唯一住房作为排除房屋执行的正当事由。

46. 夫妻一方肆意挥霍共同财产，另一方能否请求分割共同财产？

【要点提示】

婚姻关系存续期间，夫妻一方存在肆意挥霍夫妻共同财产的不法行为，导致严重损害夫妻共同财产利益时，夫妻另一方为维护自己的合法财产权益及婚姻家庭利益，可以向人民法院请求分割夫妻共同财产。

【典型案例】

薛某（女）和陈甲（男）是夫妻关系。双方在结婚时已经年过半百，因此在婚后并未生育子女，但陈甲与前妻生有一个儿子陈乙。薛某在婚姻关系存续期间，通过继承取得一套房屋的所有权。该房屋由于城市规划的需要而拆迁，薛某委托陈乙办理一切拆迁手续。该房屋共获得70万元的拆迁补偿款，其中的50万元打入陈甲账户。然而，薛某和陈甲对拆迁补偿款的使用及管理无法形成一致意见。气愤之余，陈甲将其保管的50万元补偿款全部取出，用于个人出国旅游及出入高档娱乐场所的消费。薛某得知后，认为拆迁补偿款在婚姻关系存续期间取得，属于夫妻共同财产，夫妻应享有平等的处理权。然而，陈甲却将其保管的50万元私自取出用于个人不当消费，属于肆意挥霍共同财产的行为。于是，薛某向法院起诉，请求分割夫妻共同财产。

【案情分析】

本案的争议焦点是：夫妻一方对共同财产的挥霍行为，夫妻另一方是否享有分割共同财产的权利？

首先，薛某与陈甲对拆迁补偿款享有平等的处理权。根据《民法典》第1062条的规定，在无遗嘱的条件下，夫妻一方继承的财产属于夫妻共同财产，夫妻对共同财产享有平等的处理权。本案中，薛某在与陈甲婚姻关系存续期间因继承获得房屋，该房屋应为夫妻共同财产。尔后房屋因拆迁获得的补偿款，系房屋价值的转换，亦为夫妻共同财产。陈甲将补偿款中的50万元一次性取出，并且全部挥霍，该行为是对薛某的夫妻共同财产平等处理权的不法侵害。

其次，薛某和陈甲并不存在夫妻财产制的约定和婚内财产分割协议，符合向法院提起诉讼请求分割的法定情形。根据《民法典》第1065条第1款的规定，夫妻双方可以对财产归属进行约定。当夫妻对共有财产进行约定，以及满足夫妻财产约定成立和生效要件时，属于夫妻约定财产制，其他类型的协议属于婚内财产分割，两者都是依据双方合意产生效果，因此并不需要请求法院对共同财产进行分割。本案中，由于薛某和陈甲对夫妻财产分割并未约定，所以可以根据《民法典》第1066条的规定，请求法院在婚内对夫妻共同财产进行分割。

最后，向法院诉讼请求分割婚内共同财产要求达到“严重损害”的程度。根据《民法典》第1066条的规定，夫妻一方挥霍共同财产的行为必须达到严重损害夫妻共同财产利益的程度，才能构成夫妻另一方提起婚内财产分割之诉的法定事由。本案中，拆迁补偿款属于薛某和陈甲的夫妻共同财产，陈甲一次性取出50万元用于个人出国旅游及出入高档娱乐场所的消费，属于肆意挥霍夫妻共同财产的行为。同时，该款不仅数额巨大，而且是两位老人晚年生活的物质保障。由于该行为严重损害薛某与陈甲夫妇的共同财产利益，薛某据此可以向人民法院请求分割共同财产。

47. 夫妻订立的多份离婚协议的效力如何认定?

【要点提示】

夫妻双方离婚时，如果前后订立多份离婚协议，订立最后一份离婚协议后才办理离婚登记手续，讨论最后一份离婚协议与前面订立的离婚协议之间的关系和效力时，应将前后订立的离婚协议看成一个整体，分别从协议的内容上、逻辑上与形式上去判断多份离婚协议之间的效力，而不是单纯以最后一份离婚协议为准。若前后的离婚协议存在补充规定，且不存在相互否定的内容，应该认定均为有效。

【典型案例】

张某（男）与江某（女）是夫妻关系，准备协议离婚。双方在协议离婚过程中，先后订立3份离婚协议，在订立最后一份离婚协议之后，便前往当地民政部门登记离婚。第一份离婚协议载明张某承担向江某支付70万元的给付义务；第二份内容为张某享有夫妻双方共同所有的两套房屋的权利；第三份内容为无子女抚养、财产分割和债务纠纷。此后，双方对3份协议的内容存在争议。

张某认为，离婚财产协议订立的目的是离婚，属于附生效条件的协议。如果夫妻双方订立离婚协议后，未在婚姻登记机关登记离婚，则离婚协议对夫妻双方不产生效力。因此，张某与江某在订立第三份离婚协议后登记离婚，该离婚财产协议生效，双方在前两份离婚协议订立后并未立即登记离婚，协议虽然成立但并未生效。

江某认为，当事人签订以登记离婚为条件的财产分割协议，并不以双方离婚为生效条件。在离婚过程中存在多份离婚财产协议，应该全面地去判定多份协议之间的关系。3份离婚协议存在互相补充的规定，且内容上不存在相互否定的部分，应该认定均为有效。

【案情分析】

本案的争议焦点是：存在多份离婚协议时是否只以最后一份离婚协议为准？

首先，张某与江某的3份离婚协议内容并不相互矛盾。第一份离婚协议约定张某向江某支付70万元，才会有第二份协议约定夫妻双方共有房产归张某所有，使夫妻双方在权利义务上对等，进而导致第三份离婚协议中出现无财产分割的情形。

其次，张某与江某的3份离婚协议具有逻辑上的连贯性和形式上的有效性。双方订立离婚协议的时间有先后，对夫妻双方共有财产依次进行分割，因此具有逻辑的连贯性。同时，3份离婚协议都存在张某与江某的签字与指纹确认。《民法典》第143条规定：“具备下列条件的民事法律行为有效：（一）行为人具有相应的民事行为能力；（二）意思表示真实；（三）不违反法律、行政法规的强制性规定，不违背公序良俗。”可知，3份离婚协议均是张某与江某在离婚过程中处理财产方式的陆续补充与完善，应视为一个整体且彼此并不冲突，对双方具有法律约束力。

最后，离婚协议中涉及房屋分割的部分，在办理不动产变更登记前不发生物权变动的效力。《民法典》第208条规定：“不动产物权的设立、变更、转让和消灭，应当依照法律规定登记。动产物权的设立和转让，应当依照法律规定交付。”离婚协议中约定房屋归属的部分，对张某与江某具有法律约束力。但是，基于物权公示公信原则，张某和江某需要办理不动产变更登记，才发生物权变动的效力。

48.夫妻一方约定将房屋赠与夫妻另一方后是否享有任意撤销权?

【要点提示】

夫妻双方可以在婚前或者婚姻关系存续期间约定，将一方所有的房产赠与另一方或者共有，由于不动产登记是物权变动的生效要件，赠与一方在房产变更登记之前，并未发生所有权转移，享有任意撤销权，但是双方对赠与房屋办理过公证的除外。

【典型案例】

黄某（男）与蔡某（女）是夫妻关系，曾签订《婚内财产协议》，内容为：男方黄某与前妻离婚所得房屋，在房产产权证下发一个月内，产权变更为女方蔡某一人所有，并且此房屋产权、居住权、继承权全部归女方一人所有。该协议落款处由黄某签字捺印、蔡某签字。但是在取得房产证后，黄某并没有配合蔡某办理过户登记。一年后，蔡某起诉与黄某离婚，要求黄某协助办理过户登记，黄某并不配合，双方产生争议。

蔡某认为，签订协议属于夫妻约定财产制，即使未办理房屋过户登记，也应发生所有权变动，不同于赠与合同中的赠与人享有任意撤销权，黄某应当配合蔡某办理过户登记，还应当承担因迟延办理变更登记造成的损失。

黄某认为，签订协议属于在婚姻关系存续期间一方对另一方的赠与，并不属于婚内财产制的约定。因为该协议中只涉及既有单一财产的处分，对夫妻将来新增财产并未约定。因此，在房屋变更登记前，黄某依旧享有该房屋的所有权。同时，该赠与协议并未办理公证，因此可以撤销赠与。同时，赠与合同作为单务无偿合同，自己对撤销赠与造成的损失并不承担赔偿责任。

【案情分析】

本案的争议焦点是：黄某约定将个人所有房屋赠与蔡某后，是否享有任意撤销权？

首先，该协议属于黄某对蔡某的赠与，并不属于夫妻约定财产的类型。《民法典》第1065条第1款规定："男女双方可以约定婚姻关系存续期间所得的财产以及婚前财产归各自所有、共同所有或者部分各自所有、部分共同所有。约定应当采用书面形式。没有约定或者约定不明确的，适用本法第一千零六十二条、第一千零六十三条的规定。"可知，夫妻约定财产制的类型不包含夫妻一方将个人所有财产约定为夫妻另一方个人所有。所以，黄某约定将个人所有的房屋归属于蔡某所有，属于婚内赠与，而不是夫妻约定财产制契约。

其次，黄某享有撤销赠与的权利。《婚姻家庭编的解释（一）》第32条规定："婚前或者婚姻关系存续期间，当事人约定将一方所有的房产赠与另一方或者共有，赠与方在赠与房产变更登记之前撤销赠与，另一方请求判令继续履行的，人民法院可以按照民法典第六百五十八条的规定处理。”《民法典》第658条规定：“赠与人在赠与财产的权利转移之前可以撤销赠与。经过公证的赠与合同或者依法不得撤销的具有救灾、扶贫、助残等公益、道德义务性质的赠与合同，不适用前款规定。”黄某与蔡某在婚姻关系存续期间的约定，由于并未办理公证登记，作为赠与方的黄某可以在赠与房产变更登记之前撤销赠与。

最后，黄某并不承担撤销赠与给蔡某造成的损失。因为赠与合同是单务无偿的合同，赠与方只承担义务而不享有权利，受赠方只享有权利而不承担责任，权利义务处于不对等的状态，所以赠与方无须补偿因撤销赠与而给受赠方带来的损失，避免加剧利益不对等。

49. 夫妻之间的扶养义务是否会因分居而排除？

【要点提示】

在婚姻关系存续期间，夫妻之间的相互扶养义务是持续、有效存在的，属于必须无条件履行的法定义务。夫妻之间的扶养义务不仅仅是物质上的给付，还包括精神上与生活上的照顾。需要扶养的一方要求另一方履行扶养义务而被拒绝时，可以要求其给付扶养费。

【典型案例】

刘某（女）与王某（男）在2019年2月登记结婚，婚后便在A地租房生活。王某此前与前妻生有两个孩子，离婚后由王某抚养。同年3月，刘某与王某计划回老家筹备婚礼。刘某在回去的路上滑倒，头部遭受重伤，只能在老家休养。刘某在此期间治疗花费较多，都是以个人财产承担。王某陪刘某治疗一段时间后，便一人先回A地工作。之后，刘某的病情逐渐恶化，生活难以自理，王某并未回家探望和照顾刘某。由于之前已经花费较多的费用，以及长期卧病在床，刘某没有其他生活收入来源，再加上王某回A地后，没有向刘某支付任何费用，于是刘某向法院起诉，请求王某向其支付扶养费。

王某认为，自己与刘某的夫妻共同生活时间较短，而且自己长期以务工为生，并无固定的收入来源，还需要抚养与前妻所生子女，同时，他主张刘某的账户中仍有存款，能够维持基本的生活需要，因此拒绝支付扶养费。

刘某认为，王某与自己仍是夫妻关系，不可因夫妻共同生活时间较短而不履行支付扶养费的义务。

【案情分析】

本案的争议焦点是：夫妻之间的扶养义务是否会因分居而排除？

首先，夫妻相互扶养义务的请求权人为“需要扶养的一方”。《民法典》第1059条规定：“夫妻有相互扶养的义务。需要扶养的一方，在另一方不履行扶养义务时，有要求其给付扶养费的权利。”本案中，刘某的病情逐渐加重，并且生活不能自理，需要他人照看，因此属于需要扶养的一方。

其次，存在分居情形的夫妻仍负有扶养义务。分居仍属于婚姻关系存续期间，夫妻之间的扶养义务源自配偶身份，是持续存在的法定义务，并不会因为双方共同生活时间较短或者分居而减轻。在婚姻成立之后，夫妻之间就具有同舟共济、相互扶持与照顾的权利与义务。因此本案中，王某不可以夫妻共同生活时间较短和存在分居情形为由拒绝履行扶养义务。

再次，夫妻之间的扶养义务在性质上属于生活保持义务。《民法典》中并未划定扶养人的扶养能力标准，扶养人是否具有足够的财产并不是判断其是否具有扶养能力的考虑因素。只要夫妻一方处于更劣势的情形，同时满足其他条件，夫妻另一方就应支付扶养费。即使王某对刘某支付扶养费后不能维持基本生活，也不能因此排除扶养义务，只是作为减轻扶养义务的要件。

最后，刘某有一定存款，不属于排除王某对刘某扶养义务的理由。《民法典》第1059条所指的“需要扶养的一方”，是说一方因身体原因没有办法自食其力。同时，夫妻之间的扶养义务不仅包括物质上的扶养，还包括精神上的扶养。在本案中，虽然刘某有一定存款，但其病情在逐渐恶化，每日医疗费用开支较大，并且长年卧床，丧失自食其力的能力，需要他人的照顾与鼓励，王某应从物质上和精神上履行扶养义务。

50. 登记结婚后长期分居的夫妻是否享有继承权？

【要点提示】

夫妻双方存在合法有效的婚姻是享有继承权的前提，同时行使继承权要求具有配偶身份。分居并不意味着婚姻关系的解除，长期分居或者不存在共同生活，并不影响夫妻之间享有继承权。但是拥有继承权并不意味着与其他继承人享有同等份额的遗产，应根据夫妻另一方所尽扶养义务的程度以及财产的来源等，综合考虑所应得的份额。

【典型案例】

邱某（女）与肖甲（男）是夫妻关系，但是在婚后没多久就处于分居状态。肖甲在婚后第5年被确诊为肺癌中期，后来住院治疗。在住院治疗期间，邱某并未前往看望肖甲，肖甲一直由其子肖乙照顾。由于肖甲在治疗中癌细胞扩散，病情进一步恶化，医生告知家属其预计存活的时间不超过两个月。肖乙告知邱某此情形，但是邱某依旧未出面看望肖甲。没过多久，肖甲死亡。邱某要求继承肖甲的遗产，肖乙不同意，双方诉至法院。

肖乙认为，邱某无权继承父亲肖甲的遗产。因为肖甲在医院治疗过程中，邱某并未支付医疗费，更重要的是没有前来探望肖甲，未尽到作为妻子的义务。同时，邱某与肖甲在婚后共同生活的时间较短。因此邱某不具有继承肖甲遗产的权利。

邱某认为，其与肖甲之间并未离婚，只要婚姻关系存在便享有相互继承的权利，而且自己也并不存在丧失对肖甲遗产继承权的事由，因而享有继承权。

【案情分析】

本案的争议焦点是：登记结婚后长期分居是否会丧失继承权？

首先，婚姻合法有效是享有继承权的前提。《民法典》第1049条规定："要求结婚的男女双方应当亲自到婚姻登记机关申请结婚登记。符合本法规定的，予以登记，发给结婚证。完成结婚登记，即确立婚姻关系。未办理结婚登记的，应当补办登记。"结婚的男女双方亲自到婚姻登记机关登记结婚，便确立合法有效的婚姻关系。因此，即便登记结婚后并未同居，或者较短地共同生活后又分居，当夫妻一方在婚姻关系存续期间死亡，生存的另一方仍享有继承权。所以，本案中的邱某和肖甲存在合法有效的婚姻关系，肖甲死亡的时间在婚姻关系存续期间，邱某享有继承权。

其次，邱某在肖甲住院期间未前往探望并不属于丧失继承权的情形。根据《民法典》第1125条规定，丧失继承权的情形包括"（三）遗弃被继承人，或者虐待被继承人情节严重"。此处的遗弃不要求达到构成刑事责任，只须使被继承人处于一种危险状态即可。本案中，邱某对肖甲未尽照顾义务，并不属于遗弃肖甲的情形。因为肖甲仍有肖乙看护，所以邱某并未丧失继承权。

最后，邱某拥有继承权，并不意味着可以分得与其他继承人同等份额的遗产。《民法典》第1130条规定："……对被继承人尽了主要扶养义务或者与被继承人共同生活的继承人，分配遗产时，可以多分。有扶养能力和有扶养条件的继承人，不尽扶养义务的，分配遗产时，应当不分或者少分……"本案中的邱某得知肖甲病重后，并未前往照顾或者探望，属于有扶养条件的继承人却不尽扶养义务，应当不分或者少分遗产；而肖乙一直照顾生病的肖甲，属于尽了主要扶养义务，因此在分配遗产时可以多分。

第三章 父母子女关系

51. 婚外情怀孕生子，女方能否起诉要求与男方确认亲子关系?

【要点提示】

父母或者成年子女对亲子关系有异议且具有正当理由的，可向法院提起亲子关系确认之诉。婚外情怀孕生子的女方作为孩子的母亲，只要具有正当理由，便可根据亲子关系异议规则，向法院提起确认亲子关系之诉。

【典型案例】

刘某（男）与靳某（女）偶然认识，互生好感，发展为情人关系。靳某于2015年7月育有一女靳甲，刘某此时才告知靳某其已结婚，因此不便以孩子父亲的身份办理出生证明。靳某便借用相熟之人的信息，以孩子父亲的名义配合办理出生证明。孩子出生后，刘某不愿对其负责，多次与靳某发生冲突。之后，刘某因妻子怀孕而欣喜若狂，贴身照顾，不愿同靳某继续来往。靳某生育后身体素质急剧下降，时常生病，一人抚养孩子极为困难，遂多次通过电话联系刘某，希望其能支付相应的抚养费。但刘某一直拒绝支付抚养费，并以出生证明上记载的父亲一栏并非本人为由，不承认靳甲为自己的亲生女儿。2020年8月，靳某为维护子女合法权益，向法院提起诉讼，提交一份确认靳甲与刘某有亲子关系的亲子鉴定报告为证据材料，请求法院确认刘某与靳甲存在亲子关系。

【案情分析】

本案的争议焦点是：女方作为男方的情人，是否有权利提起亲子关系确认之诉?

首先，《婚姻家庭编的解释（一）》第3条第2款规定："当事人因同居期间财产分割或者子女抚养纠纷提起诉讼的，人民法院应当受理。"靳某虽与刘某不存在夫妻关系，但二人之间存在情人关系。靳某因同居期间产生的子女抚养纠纷提起诉讼，法院应当受理。

其次，《民法典》第1073条第1款规定："对亲子关系有异议且有正当理由的，父或者母可以向人民法院提起诉讼，请求确认或者否认亲子关系。"靳某作为靳甲的母亲，主体适格，有权通过提起亲子关系确认之诉确认孩子的亲生父亲，防止其逃避抚养义务。

最后，根据亲子关系异议规则，提起亲子关系确认之诉需有"正当理由"。正当理由主要包括：能够使裁判者排除合理怀疑的必要性证据及符合公序良俗、社会公德的正当目的。靳某提起诉讼时，提交了能够证明靳甲与刘某有亲子关系的亲子鉴定为证据材料。靳某的证据材料足以使裁判者相信靳甲与刘某之间存在亲子关系，产生合理确信，满足证据的必要性。靳某提起亲子关系确认之诉的原因是：刘某以自己并非靳甲出生证明所记载的父亲为由，拒绝履行抚养义务。靳某提起诉讼是为了防止刘某逃避抚养义务，满足诉讼目的的正当性。因此，靳某可向法院提起亲子关系确认之诉。

52. 离婚后，男方怀疑孩子非亲生，女方拒绝亲子鉴定，如何认定亲子关系?

【要点提示】

父或母向法院提起亲子关系否认之诉时，需要有正当理由并提供必要证据。庭审中，一方提交必要证据申请亲子鉴定，另一方未提交相反证据又拒绝进行亲子鉴定的，法院可以在查明证据及诉讼目的正当性的基础上支持提起亲子关系否认之诉一方的主张。

【典型案例】

王某（男）与周某（女）于2009年11月登记结婚。周某于2016年9月生育儿子王甲，后因夫妻双方感情不和，于2017年5月离婚。离婚后，二人约定由周某直接抚养孩子。某日，周某带王甲到医院进行健康检查。即将领取健康检查报告时，周某突然有事，便嘱咐王某前往医院领取。王某在领取报告后进行阅读，发现血型检测报告单的结果不符合血型遗传规律。王某与周某的血型均为B型，但王甲的血型为A型。王某认为，其与王甲之间不存在亲子关系。王某将王甲送回周某家后，向周某要求与王甲做亲子鉴定。周某拒绝，并拒绝王某与王甲有亲密接触。王某对此心生怀疑，便向法院提起亲子关系异议之诉。在庭审过程中，王某提交本人、周某以及王甲三人的血型检验报告单，以此证明王甲与其本人无血缘关系。同时，王某向法院提出亲子鉴定申请，要求对本人与王甲之间是否存在生物学亲子关系予以鉴定。在法院释明后，周某坚持拒绝进行亲子鉴定。

【案情分析】

本案的争议焦点是：夫妻一方申请进行亲子鉴定，另一方一直拒绝且无法提供相反证据的，如何认定亲子关系？

首先，《民法典》第1073条规定："对亲子关系有异议且有正当理由的，父或者母可以向人民法院提起诉讼，请求确认或者否认亲子关系。对亲子关系有异议且有正当理由的，成年子女可以向人民法院提起诉讼，请求确认亲子关系。"王某作为王甲法律上的父亲，发现王甲血型与自己和周某的不同，不符合遗传规律，并且周某在得知王某的亲子鉴定请求后拒绝鉴定，还禁止王某与王甲接触。基于此，王某合理怀疑王甲非自己的亲生儿子。虽然二人已经离婚，但亲子关系的存在与否会影响到各方的生活，涉及身份关系。据此，王某作为王甲法律上的父亲，提起亲子关系否认之诉，主体上具有适格性。

其次，根据亲子关系异议规则，提起亲子关系否认之诉需要正当理由。关于正当理由，一方面要有证据的必要性，另一方面要有目的的正当性。证据方面，王某提交了三人的血型检测结果，血型检测结果不符合血型遗传规律，从侧面表明王某与王甲间不存在血缘关系。目的方面，王某提出亲子关系否认之诉，一来是为了维护受欺瞒之人的合法权益，二来是为了让未成年子女能够更好地成长，也避免真正的抚养义务人逃避自身的抚养义务，符合亲子异议规则中的“正当理由”要件。

最后，《婚姻家庭编的解释（一）》第39条规定：“父或者母向人民法院起诉请求否认亲子关系，并已提供必要证据予以证明，另一方没有相反证据又拒绝做亲子鉴定的，人民法院可以认定否认亲子关系一方的主张成立。……”在庭审过程中，王某已经提交了能够让裁判者相信王某与王甲不存在亲子关系的证据，并且提出亲子鉴定的要求；而周某一味拒绝亲子鉴定，不提交相反证据证明王某与王甲之间存在亲子关系。在此种情况下，可推定王某与王甲之间不存在亲子关系。

53. 夫妻双方一致同意人工授精，成功后另一方又反悔的，如何认定亲子关系？

【要点提示】

夫妻在婚姻存续期间就人工授精达成一致同意的，通过人工授精所生子女应视为婚生子女。人工授精成功后，一方突然反悔且反悔行为未征得另一方同意的，其不得以自己反悔为由，拒绝承认该子女为婚生子女。

【典型案例】

辛某（男）与郭某（女）经人介绍相识，于2014年3月登记结婚。双方因多年无子，于2019年前往医院进行检查。医院检查结果为：辛某精子成活率低，致使郭某较难受孕。夫妻双方为拥有自己的孩子，于2020年共同前往生殖遗传中心签订了人工授精协议书，对双方实施了人工授精。由于辛某精子成活率较低，人工授精多次均失败。夫妻双方决定使用他人精子再次尝试，同年10月，郭某终于成功怀孕。此时，辛某反悔，不愿郭某生下孩子。2021年，辛某出轨并导致出轨对象怀孕，便与郭某离婚，并表示自己不愿承认郭某所怀的孩子为自己的孩子。离婚后，郭某产下一子辛甲。因身体原因，郭某无业，每月领取最低生活保障金，另有不固定的打工收入，母子二人生活拮据。为了辛甲能够健康成长，郭某向法院起诉，希望辛某支付抚养费。但辛某认为，自己并非辛甲生物学上的父亲，对其不负有抚养义务，拒绝支付抚养费。

【案情分析】

本案的争议焦点是：辛某在同意使用他人精子使郭某授精成功的情况下单方反悔，辛甲是否为辛某与郭某的婚生子女？

首先，《婚姻家庭编的解释（一）》第40条规定：“婚姻关系存续期间，夫妻双方一致同意进行人工授精，所生子女应视为婚生子女，父母子女间的权利义务关系适用民法典的有关规定。”郭某人工授精的行为是发生于郭某与辛某婚姻关系存续期间，是夫妻双方一致同意的结果。《民法典》中虽未明确规定婚生子女的概念，但在司法实践中，一般将婚姻关系存续期间出生或者受胎的子女推定为婚生子女。由于辛甲是郭某在婚姻关系存续期间受胎，因此应视为其婚生子女。

其次，人工授精一般分为同质人工授精和异质人工授精。同质人工授精的精子卵子均来自夫妻双方，关于所生子女的法律地位不存在争议；但异质人工授精所生子女与父亲无血缘关系，其法律地位便存在争议。辛某与郭某作出人工授精的决定时，双方对于人工授精使用的精子不是辛某本人的均已知晓，也达成一致意见，不存在一方隐瞒另一方的情况。辛甲为双方在婚姻存续期间一致同意进行人工授精所生孩子，应视为婚生子，辛某不可以自己非辛甲生物学上的父亲为由否认辛甲的法律地位。

最后，《民法典》第136条规定：“民事法律行为自成立时生效，但是法律另有规定或者当事人另有约定的除外。行为人非依法律规定或者未经对方同意，不得擅自变更或者解除民事法律行为。”辛某作出反悔的意思表示时，郭某已然受孕成功，且该意思表示未得到郭某的同意。在这种情况下，郭某与辛某作出的进行人工授精的意思表示仍具法律效力。与此同时，辛某中途反悔并要求郭某终止妊娠的行为系权利滥用，必然损害郭某和腹中胎儿的合法权益。因此，辛某不能以自己反悔为由否认辛甲为自己的婚生子。

54. 未成年子女高空抛物致人损害的赔偿责任，应由谁来承担？

【要点提示】

因高空抛物造成他人损害的，侵权行为人依法承担侵权责任。侵权行为人系无民事行为能力人或限制民事行为能力人的，监护人应当依法承担相应的侵权责任。除此之外，物业服务企业等建筑物管理人没有采取必要的安全保障措施的，应当依法承担侵权连带责任。

【典型案例】

王某于2010年8月出生。2020年8月的一天下午，王某放学后因家中无人，遂去舅舅家中。王某舅舅家住8楼，王某不想乘坐电梯，便步行上楼，至7楼时，看到楼道墙上的干粉灭火器，心生好奇，便从消防柜中将两罐干粉灭火器取出。但是，王某发现自己不会使用，顿时失去兴趣，突然间心生一计，想将它们从楼上扔至一楼。然后，王某推开8楼楼梯间的左右两侧窗户，分别将两个灭火器倚靠在左右窗台上，先后推落下楼。其中一个灭火器先掉落在一楼左侧的草地上，发出巨响，物业巡查人员看到该情况后并未立即制止，也未驱散周围人群。接着王某又推落第二个灭火器，该灭火器砸中一楼右侧草地上晾晒萝卜干的袁某的头部。袁某当场倒地昏迷，头部大量出血，情况危急。物业人员立马上前查看袁某的情况并送医急救。最终，袁某经抢救无效死亡。袁某的父母、配偶、子女诉至法院，要求王某的父母对袁某的死亡承担赔偿责任，该小区物业公司承担连带赔偿责任。

【案情分析】

本案的争议焦点是：未成年人高空抛物致他人死亡，应由何人承担侵权责任？

首先，《民法典》第1254条第1款规定："禁止从建筑物中抛掷物品。从建筑物中抛掷物品或者从建筑物上坠落的物品造成他人损害的，由侵权人依法承担侵权责任；……"王某从高层建筑中抛掷灭火器，造成袁某重伤，后抢救无效身亡，侵犯了袁某的生命健康权。其抛掷灭火器的行为与袁某的死亡结果之间存在因果关系。因此，王某作为侵权人应当承担侵权责任。

其次，《民法典》第1068条规定："……未成年子女造成他人损害的，父母应当依法承担民事责任。"《民法典》第1188条第1款规定："无民事行为能力人、限制民事行为能力人造成他人损害的，由监护人承担侵权责任。监护人尽到监护职责的，可以减轻其侵权责任。"造成袁某死亡的侵权人王某理应对此负责，但由于王某年仅10岁，不具备独立承担侵权责任的能力。王某的父母作为其监护人，对子女负有监管、教育的法定义务，应当依法承担侵权责任。

最后，《民法典》第1254条第2款规定："物业服务企业等建筑物管理人应当采取必要的安全保障措施防止前款规定情形的发生；未采取必要的安全保障措施的，应当依法承担未履行安全保障义务的侵权责任。"该小区物业公司对本小区负有维修、养护、管理的义务。袁某在被干粉灭火器砸中前，于人流高峰时段，在属于公共场所的绿化草地上晾晒萝卜干，物业公司巡查人员巡查时，未对此事进行制止。除此之外，在第一个灭火器落地时，发出了巨大声响。此时，巡查人员正好在附近，却未采取应急措施疏散人群，未尽到安全保障义务。因此，物业公司应依法承担未履行安全保障义务的侵权责任。

55. 父母未尽教育、保护义务严重影响子女成长的，能否撤销其监护人资格？

【要点提示】

父母对未成年子女有教育、保护的义务，应当通过积极正确的方法教养子女，保证子女的身心健康成长。存在父母未尽或者未妥当履行教育、保护义务情况的，国家为保护未成年人的合法权益会进行干预或介入，若该情况符合《民法典》规定的撤销监护人资格之情形，则应剥夺其对子女的监护权。

【典型案例】

林某（女）与朱某（男）相识后，于2012年12月登记结婚。林某于2014年生下一子朱甲。朱某与林某因工作时常与领导发生矛盾，回家后便常常以“教育”的名义对朱甲进行殴打，以此来发泄二人职场中产生的不满情绪。二人多次使用木棍、衣架等工具体罚朱甲。朱甲在日常生活中稍有不注意，就会遭到林某与朱某的混合打骂。当地镇政府、居委会虽多次派人对林某与朱某进行批评教育，但二人依然屡教不改，在2020年5月29日凌晨又对朱甲进行殴打，划伤朱甲的后背和双臂。当地公安局接到报案后，依法对林某与朱某予以行政拘留。在此期间，长期遭受家暴的朱甲变得孤僻敏感，身心受到极大的伤害。同年6月，当地居委会以林某和朱某不履行父母教育、保护子女的义务，且长期对朱甲的施暴行为严重影响朱甲的身心健康为由，向法院请求撤销林某和朱某对朱甲的监护人资格。

【案情分析】

本案的争议焦点是：父母不履行教育保护义务，严重影响子女身心健康成长的，能否撤销父母的监护人资格？

首先，《民法典》第1068条规定："父母有教育、保护未成年子女的权利和义务。……"朱某与林某对朱甲承担的教育、保护义务为法定义务，本应当采取适当方式引导朱甲健康成长，二人却以"教育"之名，对朱甲实施暴力，严重损害朱甲的身心健康。由此可见，朱某与林某不但未履行义务，还侵犯朱甲的生命健康权，违反法律规定。

其次，《民法典》第36条规定："监护人有下列情形之一的，人民法院根据有关个人或者组织的申请，撤销其监护人资格，安排必要的临时监护措施，并按照最有利于被监护人的原则依法指定监护人：（一）实施严重损害被监护人身心健康的行为；……本条规定的有关个人、组织包括：其他依法具有监护资格的人，居民委员会、村民委员会、学校、医疗机构、妇女联合会、残疾人联合会、未成年人保护组织、依法设立的老年人组织、民政部门等。……"林某与朱某通过暴力的方式对朱甲进行"教育"，且在政府和居委会介入后，仍屡教不改，无反悔、反省之意，情节恶劣，严重影响朱甲的身心健康，符合《民法典》规定的撤销监护人资格之情形。朱甲居住地的居委会具有监督林某与朱某履行监护义务的职责。该居委会在了解到朱甲的实际状况后，对林某与朱某多次进行批评教育，密切跟进事态的发展状况，但林某、朱某并未因居委会的干涉停止其对朱甲的暴力行为，居委会因此向法院申请撤销其监护人资格，符合申请撤销监护人资格的主体要件。

最后，为防止朱甲因林某、朱某被撤销监护人资格而出现监护真空的状态，法院应根据最有利于被监护人原则进行指定监护。《民法典》第27条规定："父母是未成年子女的监护人。未成年人的父母已经死亡或者没有监护能力的，由下列有监护能力的人按顺序担任监护人：（一）祖父母、外祖父母；（二）兄、姐；（三）其他愿意担任监护人的个人或者组织，但是须经未成年人住所地的居民委员会、村民委员会或者民政部门同意。”应依照最有利于被监护人原则，逐一筛选符合监护人条件的主体，最终确定朱甲的监护人。

56. 不能独立生活的成年子女，父母是否负有支付抚养费的义务？

【要点提示】

不能独立生活的成年子女在父母不履行抚养义务时，可要求父母给付抚养费。其中，“不能独立生活的成年子女”指尚在校接受高中及其以下学历教育，或者因丧失、部分丧失劳动能力等非主观原因而无法维持正常生活的成年子女。

【典型案例】

庞某（女）与许某（男）经人介绍后互生情愫，心意相通，后登记结婚，婚后育有一子许甲。后夫妻双方因养育幼子之事多有分歧，导致感情破裂。双方在离婚财产分配及孩子抚养问题上产生分歧，遂向法院提起离婚诉讼。2000年8月，庞某与许某经法院调解离婚，并约定由庞某直接抚养许甲，许某则支付每月280元的抚养费至许甲成年。许甲成年后，因发生意外，丧失劳动能力。2020年11月，法院作出判决，确认许甲为限制民事行为能力人，同时指定庞某为其监护人。在此之前，因许甲的病情严重，须请护工进行专业照料。为此，庞某每月支付4500元的劳务费，另有其他医疗费用，较为吃力，请求许某支付部分抚养费，但遭到拒绝。因此，许甲将许某诉至法院，认为自己现无独立生活的能力，且许某未对自己履行抚养义务，许某应该每月支付2000元的抚养费用以保障自己的日常生活。许某辩称，许甲已然成年，其不对许甲负有抚养义务，拒绝向许甲支付抚养费。

【案情分析】

本案的争议焦点是：父母对于已经成年但没有独立生活能力的子女是否有支付抚养费的义务？

首先，《婚姻家庭编的解释（一）》第41条规定："尚在校接受高中及其以下学历教育，或者丧失、部分丧失劳动能力等非因主观原因而无法维持正常生活的成年子女，可以认定为民法典第一千零六十七条规定的'不能独立生活的成年子女'。"许甲因意外成为限制民事行为能力人，平日须护工护理才能维持正常生活，还要支付高昂的医疗费，因丧失劳动能力，无法依靠自身维持正常生活。并且，法院也判决确认许甲为限制民事行为能力人。许甲符合"不能独立生活的成年子女"的条件。

其次，《民法典》第1067条第1款规定："父母不履行抚养义务的，未成年子女或者不能独立生活的成年子女，有要求父母给付抚养费的权利。"许某与庞某离婚后，许甲一直跟随庞某生活，由庞某担任其监护人。许某仅在离婚后支付抚养费至许甲成年，在许甲成年后因意外成为限制民事行为能力人时，许某应继续履行抚养义务。

总之，虽然在一般情况下，《民法典》规定父母只须支付抚养费至子女成年，但对于限制民事行为能力人，其父母的抚养义务并不必然因其成年而灭失。该规定将社会道德保护弱者的要求融入其中，平衡了社会道德与法律义务之间的关系。

57. 离婚后，男方发现孩子非亲生，能否要求女方返还抚养费？

【要点提示】

婚姻关系存续期间，一方通过欺诈的方式使得另一方对与本人无血缘关系的子女进行抚养，构成欺诈性抚养。欺诈性抚养明显违背《民法典》关于夫妻应当"互相忠实、互相尊重"的规定，也违背了社会公德。因此，受欺诈一方可要求欺诈方返还抚养费，给予相应的损害赔偿。

【典型案例】

2015年8月，程某（男）与邓某（女）经人介绍，登记结婚，但二人一直在不同的地方打工，聚少离多。2016年4月，二人因家中有事，请假回家。一个月后，邓某回到原先的工作地打工，程某则留在家中与亲戚合伙做生意。2017年7月，邓某告知程某自己怀孕了。对此，程某尤为欣喜，立马告知家人，并希望邓某辞职回到家中安心养胎。邓某回家后，拒绝与程某共同居住，选择回到娘家养胎。程某考虑到自己业务繁忙无法照顾邓某，便同意邓某回娘家居住，且每月不定期给付邓某各种营养费以及产检的费用。在此期间，邓某拒绝程某陪同进行各项检查。2018年1月，邓某在妇幼保健院生下一女程甲。程某每月给予邓某2000元作为程甲的抚养费用。随着程甲的长大，周遭的亲戚邻居总是议论孩子与程某长得不太像，就此事程某与邓某多次争吵。2019年10月，程某与邓某协议离婚，孩子归邓某抚养，程某每月支付2000元抚养费。二人离婚后，邓某一直拒绝程某看望程甲。直至2020年9月，程某向邓某支付6000元后才得以见到程甲。之后，程某立刻带程甲进行亲子鉴定，鉴定结论不支持程某为程甲的生物学父亲。据此，程某向法院提起诉讼，主张邓某的行为给自己造成物质和精神上的损害，要求邓某返还自己已支付的抚养费，并赔偿其精神损失。

【案情分析】

本案的争议焦点是：构成欺诈性抚养情形的，被欺诈方能否要求欺诈方返还抚养费？

首先，在司法实践中，通常将夫妻关系存续期间或者离婚之后，一方故意隐瞒其子女与另一方没有生物学上的亲子关系，使得被隐瞒一方承担该子女的抚养义务的情形，认定为欺诈性抚养。邓某在与程某登记结婚后，未尽忠实义务与他人发生不正当关系，并且故意隐瞒程甲非程某亲生女儿这一事实。该隐瞒行为使程某在婚姻存续期间乃至离婚后，对程甲付出时间、精力及金钱，导致程某身心因此遭受损害。邓某的行为构成欺诈性抚养。

其次，《民法典》第1165条第1款规定："行为人因过错侵害他人民事权益造成损害的，应当承担侵权责任。"邓某明知程甲与程某不存在血缘关系，仍然故意隐瞒该事实，使得程某遭受损害。与此同时，邓某在婚姻存续期间与婚外第三人发生性关系，并且欺瞒程某抚养他人之子的行为存在过错。邓某的欺诈行为与程某的损害结果之间存在因果关系，符合侵权行为的构成要件，邓某应当承担侵权责任，返还程某向其支付的抚养费。

最后，《民法典》第1183条第1款规定："侵害自然人人身权益造成严重精神损害的，被侵权人有权请求精神损害赔偿。"人身权益主要包括人格权益及身份权益。程某因受到邓某的欺诈，抚养了与自己没有血缘关系的程甲，使得其作为抚养人的情感受到严重损害。除此之外，程某可能会被周围的人贴上配偶出轨、替他人抚养孩子等标签，使得其人格尊严遭受损害，符合人身权益遭受严重精神损害这一要件。对此，程某有权要求邓某承担精神损害赔偿责任。

58. 离婚后，不与子女共同生活的一方如何支付抚养费?

【要点提示】

离婚后，父母需要继续履行抚养义务，不与子女共同生活的一方须支付抚养费。抚养费的数额、期限及给付方式可由双方进行协议，协议不成的，则由法院进行判决。

【典型案例】

林某（女）与付某（男）于2017年12月登记结婚，2018年9月育有一子付甲。林某备孕至生育时，各阶段所花费用由付某支付。付甲出生后，付某对其不闻不问，不履行抚养义务。林某与付某二人就此事多次争吵，最终于2019年3月协议离婚，双方约定付甲由林某抚养，付某每月支付抚养费1500元。但离婚后，付某并未支付任何抚养费。2020年6月，林某诉称，因生育致使自己体弱多病，只能靠打零工赚取生活费，而付某离婚后对付甲不闻不问，不支付抚养费，母子二人生活极其拮据，严重影响付甲的成长，因此要求付某按每月支付抚养费1500元一次性补足，每半年支付一次直至付甲成年。付某辩称，自己在家务农，没有固定收入和经济来源，生活拮据，无法支付高昂的抚养费。如果林某愿意，他愿按照当地农村生活的标准支付抚养费至付甲成年。

【案情分析】

本案的争议焦点是：离婚后，不与子女共同生活的一方如何支付抚养费?

首先，《婚姻家庭编的解释（一）》第49条规定："抚养费的数额，可以根据子女的实际需要、父母双方的负担能力和当地的实际生活水平确定。……无固定收入的，抚养费的数额可以依据当年总收入或者同行业平均收入，参照上述比例确定。有特殊情况的，可以适当提高或者降低上述比例。"付某须给付的抚养费数额，应遵循儿童最大利益原则，满足付甲的正常学习和生活需要，尽可能为付甲提供良好的物质保障，综合当地的实际生活水平进行考虑。同时也要考虑付某本身的负担能力。据付某所述，其在家务农，没有固定收入和稳定的经济来源，生活拮据。对此，可酌情降低抚养费数额。若是付某确实生活困难，难以支付抚养费，根据上述司法解释第51条"父母一方无经济收入或者下落不明的，可以用其财物折抵抚养费。"，付某可将自己的财物用以折抵相应的抚养费。

其次，上述司法解释第53条规定："抚养费的给付期限，一般至子女十八周岁为止。十六周岁以上不满十八周岁，以其劳动收入为主要生活来源，并能维持当地一般生活水平的，父母可以停止给付抚养费。" 付某给付抚养费的期限应至付甲18周岁为止。如付甲满16周岁后，可通过自己的劳动收入维持生活，付某可停止给付抚养费。

最后，上述司法解释第50条规定："抚养费应当定期给付，有条件的可以一次性给付。"本案中，付某并不具有较好的物质生活条件，无法一次性给付抚养费，因此可依照林某的要求每半年定期支付一次抚养费。

59. 离婚后，成年子女能否追索未按约定支付的抚养费？

【要点提示】

夫妻离婚时就子女抚养费问题进行约定，并达成一致意见的，该部分内容对夫妻双方产生约束力。成年子女可就该协议向未直接抚养方索要未按约定支付的抚养费。

【典型案例】

李某（男）与王某（女）通过相亲结识，于1998年12月登记结婚，并于2001年3月育有一女李甲。后因二人感情破裂，于2008年12月协议离婚。二人就孩子抚养事宜进行约定：李甲由王某进行抚养；李某每月支付600元作为李甲的抚养费，直到李甲大学毕业为止，并负担李甲上大学期间的学费。但是，此后李某并未按照约定给付相应的抚养费，也未支付李甲进入大学后的学费。李甲遂诉至法院，请求其父依照约定支付其未支付的抚养费，并承担其大学4年的学费。

对于成年子女是否有权追索未支付的抚养费问题，存在两种不同意见。一种意见认为，给付抚养费是有抚养义务但未直接抚养的抚养义务人履行抚养、教育未成年子女这一法定义务的方式，用以保障未成年子女的成长。已经年满18周岁的成年子女，具备完全民事行为能力和独立生活的能力，不具有要求支付抚养费的请求权基础。另一种意见认为，虽然子女已年满18周岁，但抚养义务人在子女未成年期间并未尽到抚养义务，也未支付离婚时约定的抚养费，故仍应支付原本约定的抚养费，并按照约定承担大学的学费。

【案情分析】

本案的争议焦点是：父母离婚后，成年子女能否向父母追索未按约定支付的抚养费，并要求其支付大学的学费？

首先，《民法典》第1085条第1款规定："离婚后，子女由一方直接抚养的，另一方应当负担部分或者全部抚养费。负担费用的多少和期限的长短，由双方协议；协议不成的，由人民法院判决。"离婚后，子女无论由父或者母直接抚养，仍是父母双方的子女。夫妻双方应共同承担子女的抚养、教育和保护义务。李某与王某在协议离婚时关于子女抚养费问题达成的共识，为双方真实的意思表示，具有约束力，双方均应遵守协议约定。

其次，抚养费的设立主要是为未成年子女的成长提供物质保障。抚养费不能简单认为是支付抚养费一方对子女的债务。李某与王某在离婚时约定，李某每月支付600元作为李甲的抚养费至李甲大学毕业为止，并负担李甲大学期间的学费。二人共同决定将抚养费支付期间向后延迟的行为并不违反法律规定，且并未有证据表明李某无经济能力支付该抚养费。该协议对李某、王某具有约束力。据此，李甲可就该离婚协议要求李某支付抚养费直至大学毕业。

最后，《民法典》第1067条第1款规定："父母不履行抚养义务的，未成年子女或者不能独立生活的成年子女，有要求父母给付抚养费的权利。"李甲并不符合其中"不能独立生活的成年子女"这一条件，李甲要求李某支付的学费为高等教育学费，父母为成年大学生支付该部分学费并不属于法定义务。基于此，李甲要求李某支付大学4年的学费没有法律依据。但是，李某在与王某离婚时，就李甲的大学期间学费达成协议，由李某承担该部分费用。双方意思表达真实，故该协议对双方均有约束力。综上，李甲可以向李某主张支付该协议约定的大学期间的学费。

60. 离婚后，子女抚养费能否随物价上涨而提高？

【要点提示】

离婚时，不论夫妻双方是协议离婚还是诉讼离婚，均会就孩子抚养问题达成一致意见。但是，由于生活水平的提高以及父母对子女教育的重视等因素，可能出现原本协商或者法院判决确定的抚养费数额无法满足子女成长的情况。此时，可由父母双方就该问题达成协议，增加抚养费数额。如协议不成，可另行向法院起诉。

【典型案例】

刘某（男）与王某（女）经人介绍相识，2001年登记结婚，后育有一子刘甲。没过多久，因诸多原因导致夫妻感情破裂。双方协议离婚时，因刘甲抚养权归属发生分歧，刘某向法院起诉离婚。2005年，经法院审理后判决离婚，同时判决由刘某直接抚养孩子，王某每个月支付500元抚养费直至刘甲18周岁。但是，此后由于物价不断上涨，刘甲又体弱多病，医疗开支较大。除此之外，刘甲考上外地的中学，需要寄宿。因此，王某每月支付的500元抚养费不足以支付刘甲的日常生活开支及医疗、教育等费用。刘某的收入不高，独自一人抚养刘甲极为困难。王某离婚后，与他人合伙做生意，生活水平得到明显提升，但因与刘某关系恶化，不希望与其过多接触。因此，当刘某向王某提出增加抚养费的要求时，王某立刻拒绝。刘某为保障刘甲今后能够健康成长，以刘甲为原告，自己为刘甲的法定代理人，王某为被告，向法院提起诉讼，要求增加抚养费数额，由原本每月500元增至每月1500元。王某辩称，抚养费数额已经由法院判决确定，如今刘某又就抚养费问题提起诉讼，构成重复起诉，请求法院驳回起诉。

【案情分析】

本案的争议焦点是：父母离婚后，已确定了抚养费数额的情况下，若因物价上涨等原因起诉请求变更抚养费数额，是否构成重复起诉?

首先，《婚姻家庭编的解释（一）》第55条规定："离婚后，父母一方要求变更子女抚养关系的，或者子女要求增加抚养费的，应当另行提起诉讼。"父母诉讼离婚时，法院关于子女抚养费问题的判决，均以儿童利益最大化原则为基础。但是，由于后期出现的各种原因，致使原判决内容出现了不利于未成年子女成长的情况时，应当允许其提出变更抚养费的主张。《民法典》第1085条规定："离婚后，子女由一方直接抚养的，另一方应当负担部分或者全部抚养费。……前款规定的协议或者判决，不妨碍子女在必要时向父母任何一方提出超过协议或者判决原定数额的合理要求。"随着消费水平的不断提高，每月500元的抚养费确实难以保障刘甲的学习、教育和生活，刘甲可在必要时向王某提出支付超过判决原定数额抚养费的合理要求。

其次，刘甲提出增加抚养费的诉讼不构成重复起诉。刘甲向法院提出增加抚养费是要求法院重新确定王某对未成年子女的抚养义务，是因为出现物价上涨等新的因素，致使原判决的抚养费无法满足其实际需要，应为"判决发生法律效力后，出现新事实"的情形。在出现新的事实情况时，针对抚养费问题再次提起诉讼的，不构成重复起诉，不适用"一事不再理"原则。

最后，上述司法解释第58条规定："具有下列情形之一，子女要求有负担能力的父或者母增加抚养费的，人民法院应予支持：（一）原定抚养费数额不足以维持当地实际生活水平；（二）因子女患病、上学，实际需要已超过原定数额；（三）有其他正当理由应当增加。"王某离婚后，与他人合伙做生意，其生活水平不断提高，有能力支付刘甲提出的每月1500元的抚养费。与此同时，刘甲因寄宿还须支付额外的住宿费用，导致在确定抚养费数额时具备不可预见性，虽超出常规的教育费用，但确属为刘甲学习必须支出的费用，故刘甲提起增加抚养费的要求符合法律规定。

61. 非婚生子女可要求生父母给付抚养费吗?

【要点提示】

非婚生子女享有与婚生子女同等的权利。不直接抚养非婚生子女的生父或生母，应当负担未成年子女或者不能独立生活的成年子女的抚养费。这是父母履行保护、教育未成年子女义务的体现。生父母不得以没有工作、经济困难、子女更改姓名等为由拒绝支付抚养费。

【典型案例】

何甲（男）与周甲（女）于2015年8月经人介绍认识，2016年12月按农村习俗举行了婚礼，在未办理婚姻登记的情况下以夫妻名义同居生活，2017年8月抱养一子何乙。2018年8月，周甲与何甲闹矛盾后离家出走未归。2020年5月，何乙知晓周甲回归原籍并再婚，遂诉至法院，请求判令周甲支付抚养费9万元。周甲辩称，其现以打工为生，没有能力支付抚养费。

【案情分析】

本案的争议焦点是，生父母可否以没有能力抚养为由拒绝履行抚养义务？

首先，父母有抚养教育子女的法定义务。法定义务是强制性、无条件的，必须履行，我国现行法律没有规定免除给付抚养费的情形。周甲以自己打工为生、没有能力支付抚养费为由不履行法定义务，违反了法律的强制性规定。实践中，义务方由于长期患病或丧失劳动能力，无经济来源，确实无力给付抚养费，而抚养子女的一方又能够负担子女大部分生活费用的，经给付一方请求，可以免除；因犯罪被收监劳动改造，没有能力给付的，也可以免除给付抚养费。

其次，非婚生子女享有与婚生子女同等的权利。《民法典》第1071条规定："非婚生子女享有与婚生子女同等的权利，任何组织或者个人不得加以危害和歧视。不直接抚养非婚生子女的生父或者生母，应当负担未成年子女或者不能独立生活的成年子女的抚养费。"本案中，周甲以没有能力为由不支付抚养费，是对非婚生子女权利的侵害。

再次，请求抚养费的范围和标准应合法、合理。抚养费是父母对负有抚养义务的未成年子女承担的生活、教育等费用，但不应超过必要的限度。也就是说，如果与子女共同生活的一方支出了过高的生活、教育费用，或其他不在抚养费范围内的费用，应由其自行承担。至于抚养费标准，一般要考虑子女的实际需要、父母双方的负担能力、当地的实际生活水平等因素。另须说明的是，如直接抚养子女的生父或生母再婚，继父母愿意承担抚养费的，可适当减免不直接抚养子女一方的抚养费。

62. 离婚后，夫妻一方能否以与子女共同生活的一方未尽抚养义务为由，请求变更抚养关系？

【要点提示】

离婚后，直接抚养子女的一方因个人工作或其他原因未尽到抚养义务时，双方要以子女利益最大化为原则协商变更抚养权。如果双方不能协商一致，应当允许另一方通过诉讼途径请求变更抚养关系。变更抚养关系时，对年满8周岁的子女，还应尊重孩子的选择。

【典型案例】

刘甲（女）和黄甲（男）于2011年协议离婚，协议约定其女黄乙由黄甲抚养，后黄乙一直随黄甲在乡镇生活、学习。2014年黄甲再婚，并于2017年1月生一子黄丙。黄乙上初中后，黄甲因工作忙，与黄乙沟通不畅，原本学习成绩不错的黄乙成绩一路下滑，班主任老师为此多次与黄甲联系，要求其多关心孩子。

2020年2月，刘甲因黄乙状况不佳，且自己有能力抚养，向黄甲提出变更黄乙的抚养权，由自己抚养，遭黄甲拒绝，于是诉至法院。双方就事实部分没有争议，但就是否应该变更黄乙的抚养权争议比较大。黄甲称自己多年辛苦抚养孩子长大，从情感上难以接受，且当年是刘甲抛弃孩子离开家，自愿放弃黄乙的抚养权，现在要回孩子的抚养权没有依据。刘甲则称当年自己没有收入和稳定的住处，放弃黄乙的抚养权是迫不得已，这么多年从没有放弃孩子，经常去学校看望孩子。刘甲离婚后一直未再婚，现居住在某市区，有稳定的收入，居住地的教育环境和生活水平明显优于黄乙现在所处的乡镇。作为已年满8周岁的孩子，黄乙自愿要求跟随刘甲生活。刘甲表示愿意在抚养权变更后，全心全意照顾孩子，在寒暑假等不影响孩子学习的情况下，黄甲可探望或接黄乙过去小住。

【案情分析】

本案的争议焦点是：夫妻离婚后，抚养孩子一方未尽抚养义务时，另一方是否有权请求变更抚养关系？

首先，抚养权是一种亲权，具有较强的人身属性。子女不是私有财产，由谁抚养应从孩子的身心健康成长角度考虑。子女本身是独立的个体，在具备一定行为能力的情况下，有充分的自由选择权，任何人不得剥夺。

其次，《民法典》第1084条规定："父母与子女间的关系，不因父母离婚而消除。离婚后，子女无论由父或者母直接抚养，仍是父母双方的子女。离婚后，父母对于子女仍有抚养、教育、保护的权利和义务。离婚后，不满两周岁的子女，以由母亲直接抚养为原则。已满两周岁的子女，父母双方对抚养问题协议不成的，由人民法院根据双方的具体情况，按照最有利于未成年子女的原则判决。子女已满八周岁的，应当尊重其真实意愿。"虽然离婚时刘甲同意黄乙由黄甲抚养，但并不代表刘甲放弃了自己对黄乙抚养、教育、保护的权利和义务。现黄乙已超过8周岁，有权选择随父或者母生活。

最后，从情理看，本案中黄甲再婚，又生育儿子黄丙，黄甲和现任妻子对黄丙的宠爱，对正处在青春叛逆期的黄乙从某种意义上说是一种“伤害”，再加上学业负担不断加重，黄乙需要及时疏导和关爱，而黄甲因种种原因未能对黄乙的生活和学业予以很好照顾，未充分尽到抚养义务。而刘甲没有再婚，也没有其他子女，能给黄乙全部的母爱，以及更好的生活和教育资源。刘甲提出变更黄乙的抚养权，符合变更抚养的法定情形，有充分的法律依据。

63. 离婚后，能否以抚养子女的一方擅自变更子女姓氏为由拒付抚养费?

【要点提示】

父母与子女之间的亲子关系不因父母离婚而消除。父母不得因子女变更姓氏而拒付抚养费。

【典型案例】

张甲（男）与牛甲（女）于2007年登记结婚，婚后育有两子张乙、张丙。2018年5月，双方协议离婚，约定张甲抚养张乙、牛甲抚养张丙，张甲支付3万元作为张丙的抚养费。后来，牛甲再婚，为避免在以后的学习生活中对张丙造成困扰，在没有告知张甲的情况下，将张丙的姓氏由随父姓张改为随母姓牛，即牛丙。张甲得知后拒绝向牛甲支付牛丙的抚养费。牛甲诉至法院，要求张甲履行支付牛丙抚养费的义务。针对牛甲的诉请，张甲提出其可支付抚养费，但要求牛甲将牛丙的姓氏更改回原姓氏张。

【案情分析】

本案的争议焦点是：夫妻离婚后，抚养孩子的一方是否可自行更改孩子姓氏，或以另一方更改孩子姓氏为由不履行抚养义务？

首先，中华文化源远流长，姓氏文化是其中的重要组成部分，姓氏在明晰血缘脉络、塑造个人家庭归属以及鉴别个人身份方面发挥着重要作用。关于子女姓氏的选择问题，《婚姻家庭编的解释（一）》第59条规定："父母不得因子女变更姓氏而拒付子女抚养费。父或者母擅自将子女姓氏改为继母或继父姓氏而引起纠纷的，应当责令恢复原姓氏。"2001年公布实施的《婚姻法》第22条规定："子女可以随父姓，可以随母姓。"但2020年颁布的《民法典》将该条删除，这是否意味着子女的姓氏可以有多种选择呢？《民法典》第8条规定："民事主体从事民事活动，不得违反法律，不得违背公序良俗。"姓氏文化属于公序良俗中的重要内容，因此子女姓氏的选择除受父母自身意志的影响外，还受到我国长久以来形成的姓氏文化的影响，即一般是随父姓，如果父母协商一致，也可以随母姓。

其次，虽说子女的姓氏在出生后不久即可确定，但如果父母离婚的话，子女的姓氏也有可能会发生变化。由于我国大部分子女在出生时随父姓，如果子女在父母离婚后归母亲抚养，有些母亲出于各种原因会将子女的姓氏擅自变更为母姓或继父的姓氏。对此，无论是原《婚姻法》第22条，还是最高人民法院的司法解释第59条均明确规定，父或母在离婚后，不能因子女变更姓氏而拒付子女抚养费。这是因为，父母对子女抚养义务的来源绝大部分情况是基于血缘（当然还有其他情况如收养系基于法律规定而产生）。《民法典》第1084条第1、2款规定："父母与子女之间的关系，不因父母离婚而消除。离婚后，子女无论由父或者母直接抚养，仍是父母双方的子女。离婚后，父母对子女仍有抚养、教育、保护的权利和义务。"该法条是在父母离婚后，父母与子女关系的准确表达，也是上述司法解释之所以如此规定的法律依据。

第三，父母离婚后，父或母不能单方变更子女的姓氏。根据上述法律规定可知，子女是父母双方的孩子，非父或母一方的孩子，在子女姓氏变更等类似的重大事项上，父或母无单方决定权，应双方协商一致方可办理。根据上述司法解释第59条，在父母再婚的情况下，如果将孩子的姓氏变更为继母或继父姓氏，一定要与孩子的生父或生母协商，如果单方擅自变更，法院将会责令恢复。

64. 离婚后，非直接抚养孩子的一方如何行使探望权？

【要点提示】

离婚后，非直接抚养孩子的一方享有探望权，另一方有义务协助。双方就探望方式、时间协议不成的，由人民法院判决。探望子女有不利于子女身心健康情形的，法院可依法中止。直接抚养的一方不得以未给付抚养费等为由，阻挠另一方行使探望权。

【典型案例】

韩甲（女）与杨甲（男）于2019年12月离婚，婚生女杨乙由杨甲抚养，韩甲每月支付抚养费1000元。2020年3月，韩甲以杨甲不让看望孩子为由将其诉至法院。韩甲请求每周探视杨乙一次，每次探视的时间为：周五17时由韩甲亲自将孩子从杨甲处接走，次日17时前由韩甲将孩子送回，杨甲应予以协助。一审判决韩甲胜诉后，杨甲不服，上诉称杨乙由于民族和信仰原因不适宜被接走，韩甲不能保证孩子安全，韩甲的工作性质不能保证陪伴孩子，但未能提供证据加以证明，同时提出韩甲必须按时给付抚养费才能探望孩子。

【案情分析】

本案的争议焦点是：离婚后，韩甲能否正常行使探望权？

首先，韩甲享有探望权，杨甲有协助义务。《民法典》第1086条第1款规定："离婚后，不直接抚养子女的父或者母，有探望子女的权利，另一方有协助的义务。"从法理上看，法律作出这一规定，是基于血缘关系，为维护未成年子女利益而设立的，探望权是基于亲权派生出的权利。

抚养子女的一方，不得将子女视为己方的“私有财产”，采取窝藏、转移、恐吓、威胁子女等方式，阻挠对方行使探望权，或以子女本人不愿意为由拒绝对方正常探望。

其次，一方当事人不得单方改变对方行使探望权的方式和时间。《民法典》第1086条第2款规定：“行使探望权利的方式、时间由当事人协议；协议不成的，由人民法院判决。”法院判决后，双方应按判决确定的方式、时间行使权利，履行义务。《婚姻家庭编的解释（一）》第68条规定：“对于拒不协助另一方行使探望权的有关个人或者组织，可以由人民法院依法采取拘留、罚款等强制措施，……”一方在未与另一方达成协议的情况下对探望的时间或方式予以改变，是违反法院既定判决确定的法定义务的行为。人民法院可依据一方当事人的申请，对不履行义务的一方强制执行，并视情节采取罚款、拘留等措施。

再次，行使探望权要有利于子女的身心健康。《民法典》第1086条第3款规定：“父或者母探望子女，不利于子女身心健康的，由人民法院依法中止探望；中止的事由消失后，应当恢复探望。”本案中，韩甲作为杨乙的母亲，每周探望一次，次数并不过多，接走过夜还可以增加母女之间的沟通和感情交流，减轻杨乙的家庭破碎感，有利于杨乙健康成长。杨甲提出的因民族和信仰等事由请求改变探望方式、时间的诉请，均没有证据证明，理由不能成立。

65. 继子女有赡养继父母的义务吗?

【要点提示】

继父或者继母与受其抚养教育的继子女间的权利义务关系，适用法律关于父母子女关系的规定。当继子女不履行赡养义务时，无劳动能力的或生活困难的继父母有要求继子女给付赡养费的权利。

【典型案例】

陈甲（男）与朱甲（女）于1994年登记结婚，朱甲系再婚。1995年，朱甲带着其与前夫所生的未成年子女徐乙、徐丙与陈甲共同生活。1998年5月，二人生育一子陈乙。1999年、2001年徐乙、徐丙分别外出打工。2020年2月，朱甲去世。后陈甲以年事已高、没有生活来源、基本生活困难为由，将三子女诉至法院，请求其履行赡养义务。其中，徐乙与徐丙应以每人每年1500元为标准；陈乙以每年3600元为标准支付赡养费。

【案情分析】

本案的争议焦点是：继子女是否具有赡养继父母的义务？

首先，继子女是否有赡养继父母的义务，关键在于双方是否形成抚养教育关系。《民法典》第1072条第2款规定："继父或者继母和受其抚养教育的继子女间的权利义务关系，适用本法关于父母子女关系的规定。"本案中，可以认定陈甲与作为继子女的徐乙、徐丙形成抚养教育关系。两继子女未成年时即随母亲与陈甲共同生活，直至其母亲去世，与继父保持关系达20余年。显然，两继子女的成长离不开陈甲在经济上的供养和生活上的抚养教育。虽然法律没有明确规定形成抚养关系所需的共同生活时间，但只要是长期的、稳定的关系，即可认定为抚养关系，应当视同亲生父母与子女关系，也称为法律拟制血亲关系，即"准血亲"或"法定血亲"。

其次，赡养费标准要依照当地生活消费水平，结合双方共同生活时间、感情因素综合确定。赡养费标准首先要考虑当地经济发展水平，但赡养并不仅仅是经济问题，双方共同生活时间的长短、双方之间的感情，当然也包括双方的经济、生活状况，都是应当酌情考虑的因素。本案中陈甲身患疾病、生活困难，包括两继子女在内的三子女均已成年，具有赡养能力，作为亲生子的陈乙可以自愿按陈甲请求给付较多的赡养费。赡养问题不仅是法律问题，更是社会问题，法院依法作出符合各方实际情况的判决，既有利于各方接受和被社会认同，更有助于继子女主动履行义务。

66. 子女对父母的赡养义务可以通过赡养协议免除吗?

【要点提示】

赡养父母是子女的法定义务，具有强制性，不因当事人的约定而免除。即便双方“自愿”签署免除赡养义务的协议，也因违反法律强制性规定而无效。

【典型案例】

张甲（女）与郭甲（男）共育有3个子女，即长子郭乙、次子郭丙、小女儿郭丁。1991年4月，郭甲与郭乙、郭丙签订了分家协议，就赡养问题约定：郭乙扶养母亲，郭丙扶养父亲。父母60岁以前，两人每月给付赡养费150元；60岁以后每人每月给付300元。郭甲于2016年8月去世，郭丙对郭甲进行了安葬。此后，张甲独自生活。2020年10月，张甲将3个子女起诉至法院，要求随次子郭丙生活；长子郭乙每月给付赡养费1000元，其他二子女每月各给付500元；医药费由3个子女共同承担。法庭审理过程中，郭乙称自己一直以来赡养母亲，并承担过高赡养费；郭丙称分家时约定母亲由郭乙扶养，自己已经按照约定赡养父亲并对父亲进行了安葬，无法接受再与郭乙承担同样的责任；郭丁称自己并未在赡养协议里载明有赡养责任。

【案情分析】

本案的争议焦点是：父母与子女签订的赡养协议的效力如何确定，特别是免除子女赡养义务的约定部分是否有效?

首先，赡养父母是子女的法定义务。子女对父母的赡养义务，是基于父母子女间特定的身份关系，具有人身性，且属专属义务，不得转让。无劳动能力或生活困难的父母，有要求子女给付赡养费的权利。现实中，由于受封建思想影响，尤其是农村地区，认为“出嫁女可以不养老”，女儿对父母的赡养义务被人为地免除，与法律规定相违背。实际上女儿不因出嫁或协议约定而免除赡养义务。

其次，子女可以与父母就赡养方式进行约定。多子女家庭中，在父母不反对的前提下，签订赡养协议分工赡养父母，法律上是允许的，也符合情理。协议签订后，如果客观情况发生变化，比如某位子女明显再无能力赡养父母，父母可向其他子女提出赡养要求；如果父或母一人先行离世，在世的父或母可向原赡养去世一方的子女提出赡养要求。同时，如果被赡养人的生活状况发生了如医疗费用、护理费用突然增多等重大变化，被赡养人可依据实际情况，请求增加赡养费用。子女若以已签订协议、约定了赡养费数额进行抗辩，法院不予支持。当然，协议签订的前提是尊重父母意愿。如果父或母一方反对，则所签订的赡养协议无效。

再次，免除子女赡养义务的协议内容无效。父母子女虽可通过协议对赡养义务进行约定，变更赡养方式，但子女对父母的赡养义务为法定义务，不能通过协议予以免除，更不得违反公序良俗与法律规定。本案中郭丙仅是对父亲一方尽了赡养义务，对母亲的赡养义务不能因协议约定而免除，所签订的各自履行赡养义务部分是无效的。

最后，赡养费的数额不一定均摊，可据实际承担。本案中，就赡养费的数额和医药费负担比例问题，郭丙已经履行了对父亲全部的赡养义务，郭乙应当多承担母亲张甲的赡养费，郭丁也不得以协议中未载明赡养义务为由拒付赡养费。同时，就张甲的居住和日常照料问题，张甲表示愿意随郭丙生活，而郭丙也表示同意，法院应尊重当事人意见，作出并非均摊的判决，体现法律与人情兼顾，也能更好地促进家庭关系的和谐发展。

67. 成年子女能否以老年父母有经济能力为由不履行赡养义务？

【要点提示】

成年子女应对老年父母履行赡养义务，父母有经济困难时有权利要求子女支付赡养费，但并不是说，父母经济水平良好时，子女就无须赡养父母。赡养父母是法定义务，是不附加任何条件的，子女不得以任何理由拒绝履行赡养义务。

【典型案例】

刘甲（女）与袁甲（男）结婚后，生育有长子袁乙（已病故）、次子袁丙、女儿袁丁。2021年3月，刘甲以身患脑梗、冠心病等多种疾病，需要花大量的医药费及请护工护理，袁丁对其不管不问，未尽到女儿的赡养义务为由，将袁丁诉至法院，要求袁丁支付不同期间的医疗费、住院费、护工费等费用1.3万元的三分之一。袁丁则称，刘甲起诉自己不是其真实意思表示，自己已实际履行作为女儿对母亲的赡养义务；刘甲之子袁丙未履行赡养义务；刘甲有退休金和医保，且有房产，有能力支付费用，还把两套房产中的一套赠给了袁丙，由于自己无赡养能力，应由袁丙负担刘甲的赡养费。

【案情分析】

本案的争议焦点是：父母有一定经济收入和固定资产的情况下，子女能否以此为由不支付赡养费用？

首先，要明确的是，赡养父母是子女的法定义务。在父母年老时，子女应当履行对老年人经济上供养、生活上照料和精神上慰藉的义务。子女不履行赡养义务时，无劳动能力的或生活困难的父母，有要求子女付给赡养费的权利。子女对父母赡养扶助的义务不仅包括生活支出，还包括其他经济支出，以及精神慰藉。

其次，赡养父母义务不因父母经济状况良好而免除。现实生活中，有的子女以父母有足够的收入、有医疗保险等为由，拒绝履行赡养义务，这种行为与法律规定相违背。赡养是不附加任何条件的，子女不得以任何理由拒绝履行赡养义务。本案中，刘甲虽有退休金和医疗保险，但疾病缠身，这些费用不能满足其需要的医疗支出。至于其把两套房产中的一套给了儿子，而没有给女儿，袁丁称，如以其中一套房产抵押贷款或者变卖即可支付刘甲的医疗费，这一理由仍不能成立。父母的经济状况不影响子女履行赡养义务。

再次，赡养费用可根据子女多少、子女经济状况及家庭情况确定。法院在审理赡养纠纷时会酌情考量被赡养人的身体状况、日常生活水平、当地消费水平、赡养人是否可以正常工作等情况，对赡养费数额予以确定。尤其是存在多名赡养人时，可基于各个赡养人经济条件的不同，判令其承担不同金额的赡养费。本案中，法院考虑到刘甲育有长子但病故、将一套房产赠与次子的事实，作出了让女儿袁丁承担三分之一费用的判决。

68. 丧偶的儿媳有赡养公婆的义务吗?

【要点提示】

丧偶的儿媳没有赡养公婆的法定义务。赡养、抚养义务是基于自然的血缘关系（或拟制血亲关系）而确定的，儿媳与公婆间则是基于婚姻关系而产生的亲属关系，系姻亲关系，因此没有法定赡养义务。

【典型案例】

申甲（男）、王甲（女）共生育3个儿子和4个女儿，2015年，二老因赡养问题与3个儿子发生纠纷并诉至法院，经法院主持调解，二老与次子申丙、三子申丁达成扶养协议，两儿子按时支付一定的赡养费、粮食；申丁将其伙房一间给二老居住。申丙、申丁均按协议履行。2016年，申丁死亡。2019年，二老以物价上涨、申丁之妻陈甲也要求次子申丙及长子申乙轮流为二老提供住房为由向法院起诉，要求增加赡养费，并由长子申乙、二子申丙及三儿媳陈甲提供一间住房给其居住。

经审理查明，申甲、王甲夫妇年老体弱，无劳动能力和经济收入，且不同意追加其4个女儿为被告，明确放弃对4个女儿的诉请。由于物价上涨，申丙与申丁原与二老达成的赡养协议已不能满足二老的生活需要。申丁死亡后，其财产并未作分割。因此，二老仍居住在陈甲和申丁共同修建的房屋内系申丁生前履行生效法律文件的结果，并无不当。

【案情分析】

本案的争议焦点是：丧偶的儿媳是否需要对公婆履行赡养义务？

首先，赡养义务人的范围由法律规定。《民法典》第26条第2款规定："成年子女对父母负有赡养、扶助和保护的义务。"《老年人权益保障法》（2018年修正）第14条第2款规定："赡养人是指老年人的子女以及其他依法负有赡养义务的人。"由此可见，赡养义务人主要是指成年子女，含婚生子女、非婚生子女、养子女、有抚养关系的继子女。《民法典》第1074条第2款规定："有负担能力的孙子女、外孙子女，对于子女已经死亡或者子女无力赡养的祖父母、外祖父母，有赡养的义务。"赡养人的范围未涵盖儿媳。

其次，丧偶儿媳没有法定义务赡养公婆。既然法律没有规定儿媳是法定的赡养义务人，在丧偶的情况下，更没有理由令其尽赡养义务。因为赡养、抚养义务是基于自然的血缘关系（或拟制血亲关系）而确定的，儿媳与公婆之间则是基于婚姻关系而产生的亲属关系，系姻亲关系。本案中，儿媳妇陈甲对二老没有法定的赡养义务。

再次，儿媳有协助赡养的义务。《老年人权益保障法》（2018年修正）第14条第3款规定："赡养人的配偶应当协助赡养人履行赡养义务。"鉴于中国传统的家庭、人伦关系，法律作出该项规定，针对的是儿媳与赡养人婚姻关系存续期间。本案中，二老居住在申丁提供的房屋，由双方协商并经人民法院调解书确认，具有法律效力。现申丁去世，三儿媳仍须按法院生效的调解书履行协助义务，协助义务并不等同于赡养义务。

69. 继父母和继子女之间有相互继承遗产的权利吗？

【要点提示】

有扶养关系的继父母与继子女与亲生父母子女有相同的权利义务，继子女可以继承继父母的遗产，继父母也可以继承继子女的遗产，且可以第一顺序继承人身份继承。

【典型案例】

李甲（男）、贾甲（女）原系夫妻，共育有3子，即李乙、李丙、李丁。李丙于1973年出生，幼时因遭电击致肢体二级残疾，丧失劳动能力。1990年10月，李甲、贾甲主持分家，协议约定西院5间房父母在世由父母掌管，父母去世则归李丙。1993年，李甲去世，生前未留有遗嘱。1994年，李戊与贾甲结婚，婚后未生育子女，与李丙、贾甲共同生活在原院内。2015年，贾甲去世，未留有遗嘱。之后，李丙的生活仍由李戊照顾直至2019年李丙去世。李戊起诉请求该5间房屋及院落由自己继承。

李戊诉请的5间房屋及院落属于李丙的遗产。李戊与贾甲登记结婚时，李丙虽已满18周岁，但因无劳动能力，在李戊与贾甲婚后以及贾甲去世之后，李丙与李戊共同生活多年，其间李戊一直照顾李丙的全部生活起居，李戊与李丙之间形成了有抚养关系的继父子关系。

【案情分析】

本案的争议焦点是：继父母是否可以继承继子女的遗产？

首先，李戊和李丙之间属于继父母与继子女关系。继父母与继子女关系是子女因其父或母再婚时，与父或母的配偶之间形成的亲属关系，是一种姻亲关系，属于父母子女关系中的一种。本案中，李戊因和贾甲的婚姻关系，与李丙形成了继父子关系，这种关系因李戊对李丙的抚养事实而一直存续，不因贾甲的去世而自然解除。

其次，李戊和李丙之间形成了扶养关系。实践中，判断继父母和继子女之间是否形成扶养关系，应当从当事人是否具有扶养意思、是否已经形成了稳定的生活照料和教育扶养关系，以及是否存在扶养行为等多方面分析认定。当然，还应符合道德规范的要求，有利于维护婚姻家庭的稳定，有利于推动社会道德水平、文明程度的提高。这种扶养关系，既包括继父母对继子女的抚养，也包括继子女对继父母的赡养。本案中，李戊和李丙共同生活了多年，李丙虽已成年，但无劳动能力，不能独立生活，其间李戊一直照顾李丙的生活起居，二人之间已经形成了扶养关系。

再次，形成了扶养关系的继父母和继子女之间具有继承关系。继子女与继父母之间是否有继承关系，完全取决于他们之间是否有扶养关系。有扶养关系的，就有继承权；没有扶养关系的，就没有继承权。这就是说，形成了扶养关系的继父母子女间，属于法律上的拟制血亲，产生父母子女间的权利和义务。《民法典》第1127条规定："遗产按照下列顺序继承：第一顺序：配偶、子女、父母；……本编所称父母，包括生父母、养父母和有扶养关系的继父母。……"没有形成扶养关系的继父母子女间仅产生姻亲关系，不发生法律上的权利和义务。本案中，李戊和李丙之间已经形成了扶养关系，二人间的权利义务与亲生父母子女的权利义务相同，可以相互继承遗产。

70. 继父母离婚后还需要向继子女给付抚养费吗？

【要点提示】

抚养关系是基于血缘关系或拟制血亲关系而产生的。继父母子女关系仅因生父母的再婚产生，实际上为姻亲关系。继父母离婚后，不具有抚养继子女的法定义务。

【典型案例】

杨乙系蒲甲（女）与前夫所生女儿。2011年11月，蒲甲与杨甲（男）

结婚，杨乙与杨甲形成继父女抚养关系。2020年7月，蒲甲与杨甲离婚，离婚协议约定：杨乙由杨甲抚养、蒲甲不付抚养费等。2020年12月，杨乙离开杨甲随生母共同生活，此后杨甲亦未负担杨乙日常生活等费用。2021年3月，蒲甲以杨甲将杨乙赶出家门等为由将杨甲诉至法院，要求变更抚养关系。经杨甲同意，法院遂于同年4月调解变更杨乙由蒲甲抚养，后杨乙一直与生母生活。其间，杨乙诉至法院，请求判令杨甲自2020年12月起每月支付其抚养费1000元。

【案情分析】

本案的争议焦点是：离婚后，继父是否应对已与生母共同生活的继女给付抚养费？

首先，亲生父母子女关系与继父母子女关系并不相同。生父母与生子女之间是基于出生形成的、天然存在的血亲关系，具有唯一性，不可更改、不可替代，这种关系独立于生父母之间的婚姻关系。父母对生子女的抚养、照顾和教育既是法定义务，也是道德义务，亲生父母离婚，并不能免除抚养义务。但继父母与继子女之间不是自然的血缘关系，而是拟制的血亲关系，它因婚姻关系而建立，是由婚姻关系派生出来的一种附属关系。只有在继父母婚姻关系存续期间，继父母与继子女的抚养义务才与亲生父母与亲生子女的抚养义务相同。一旦继父（母）与生母（父）离婚，特别是在继子女还有亲生父母的情况下，要求与继子女没有血缘关系的继父母承担抚养义务显然是不适当的，也有失公平。

其次，现行法律未禁止继父母在离婚后继续抚养继子女。《民法典》承认履行了抚养教育义务的继父母与继子女之间的父母子女关系，并规定，已经形成的父母子女关系不因离婚而直接终止。但继父母是否也属于该条规范的对象，由于其与继子女之间并无血缘关系，产生很大争议。对该类情况应当慎重考虑，既不能一概否定继父母对继子女的继续抚养权，也不能与生父母对生子女的权利等同看待。如果离婚后继父母愿意负担继子女一部分或全部抚养费，乃至直接抚养的，在有利于未成年子女成长的原则下，可以允许，因为这符合中华民族尊老爱幼的传统美德，也与社会主义核心价值观一致。但需要明确的是，此种抚养或给付行为不是法定义务，而是一种自愿行为，继父母可以随时终止抚养或给付。

再次，抚养子女是生父母的法定义务。血缘关系决定了无论生父母婚姻状况发生何种变化，均有抚养生子女的法定义务。《婚姻家庭编的解释（一）》第54条规定："生父与继母离婚或者生母与继父离婚时，对曾受其抚养教育的继子女，继父或继母不同意继续抚养的，仍应由生父或者生母抚养。"本案中，在杨甲不愿意继续抚养的情况下，杨乙无权请求杨甲给付蒲甲在抚养期间的抚养费。

第四章　离婚

71. 夫妻一方在离婚冷静期内出轨如何处理？

【要点提示】

离婚冷静期仍然属于婚姻关系存续期间，如果夫妻一方在此期间出轨，属于违背夫妻忠实义务，另一方可以在离婚冷静期结束后到婚姻登记机关申请发给离婚证，或者直接向法院提起离婚诉求并请求损害赔偿。

【典型案例】

刘某（男）与张某（女）于2006年3月在朋友聚会上认识，后来双方自由恋爱，并于2007年7月登记结婚。婚后两人非常恩爱，结婚第二年，张某便生下女儿刘甲。女儿的到来使得家庭经济压力越来越大，夫妻经常因为家庭琐事发生矛盾而吵架，刘某甚至经常殴打张某。2019年，因为一套房产，两人的争吵更加严重，刘某经常夜不归宿，张某因此还患上抑郁症，不得不辞职，待业在家。此后，夫妻之间的矛盾更加突出，2021年1月3日，夫妻双方前往民政局办理离婚手续，进入离婚冷静期。同年1月20日到30日期间，张某发现刘某多次与一名女性夜宿酒店。由于离婚冷静期尚未结束，也不能申请发给离婚证，张某便向社区基层调解组织求助。

本案审理过程中主要有两种不同的意见。一种意见认为，《民法典》新增了离婚冷静期制度，该制度是夫妻双方协议离婚的必经程序，张某应当等待离婚冷静期结束后去民政局申请发给离婚证。另一种意见认为，离婚冷静期仍然属于夫妻婚姻关系存续期间，因刘某在婚内出轨，张某可以直接向人民法院起诉，请求离婚。

【案情分析】

本案的争议焦点是：一方在离婚冷静期内出轨，夫妻双方如何离婚？

首先，《民法典》第1077条规定："自婚姻登记机关收到离婚登记申请之日起三十日内，任何一方不愿意离婚的，可以向婚姻登记机关撤回离婚登记申请。前款规定期限届满后三十日内，双方应当亲自到婚姻登记机关申请发给离婚证；未申请的，视为撤回离婚登记申请。"本案中，刘某和张某在协议离婚的情形下，应当先经过一个月的离婚冷静期，充分、理智地考虑夫妻的婚姻状况，再决定是否采取离婚的方式来解决矛盾，从而最大限度地避免冲动离婚，但刘某在离婚冷静期内出轨，表明夫妻双方感情已经破裂，张某可以等到冷静期结束后，向民政局申请发给离婚证。根据《民法典》第1077条，在冷静期结束后，张某和刘某应当亲自到婚姻登记机关申请发给离婚证。如果在离婚冷静期结束后一个月内，双方没有亲自到民政局申请发给离婚证的，那么就会被视为撤回离婚申请，这时张某只能通过诉讼离婚来解除与刘某的婚姻关系。

其次，离婚冷静期仍然属于婚姻关系存续期间，张某也可以夫妻感情确已破裂为由直接向人民法院提出离婚诉讼。若张某提出离婚诉讼，则不需要经过一个月的离婚冷静期，法院会判断夫妻双方是否符合《民法典》第1079条规定的"感情确已破裂"的情形。本案中，刘某经常殴打张某，其行为属于家庭暴力；另外，刘某在离婚冷静期内多次与其他女性夜宿酒店，属于婚内出轨。以上都是刘某违背夫妻忠诚义务的行为，可见张某和刘某夫妻感情确已破裂。

最后，因刘某在婚姻关系存续期间对张某实施家庭暴力，并且在离婚冷静期出轨，其行为损害了张某的配偶权益。因刘某的过错行为导致双方离婚，使得张某在物质上和精神上受到损害，根据《民法典》第1091条，刘某应当对张某的损失予以赔偿。

72. 夫妻一方与他人婚外同居生子，另一方能否请求判决离婚?

【要点提示】

与他人同居是确认夫妻感情破裂的法定情形之一，夫妻一方与第三人婚外同居并且生子，是严重违背夫妻忠实义务的行为，另一方可以向人民法院起诉离婚。

【典型案例】

赖某（男）与梁某（女）于2010年4月相识，经自由恋爱，于2012年8月登记结婚。婚初，夫妻感情较好，并且于2015年3月生育儿子赖甲。之后，为了提高家庭的生活水平，赖某外出打工，梁某在家教育孩子，双方沟通变少，感情产生隔阂。在一次朋友聚会中，梁某结识了单身的孙某，两个人相谈甚欢。孙某经常约梁某出去吃饭、看电影，久而久之，双方之间产生感情。2017年2月，梁某将孩子赖甲交给婆婆看管，便开始与孙某婚外同居，并且于2018年8月生育孙某的孩子孙甲。之后，赖某每月都会给两个孩子一笔抚养费。2020年1月，赖某发现孙甲并非其亲生子，也知道了自己在外打工时梁某与第三人同居。从那以后，夫妻关系开始恶化，赖某无法忍受，遂向人民法院提起诉讼，请求判决离婚，并且针对梁某在婚姻关系存续期间出轨、与他人同居的情形，要求梁某给付精神损害赔偿。

【案情分析】

本案的争议焦点是：能否以梁某与他人同居生子为由判断夫妻感情确已破裂?

《民法典》第1043条第2款规定："夫妻应当相互忠实，互相尊重，互相关爱；……"，同时，第1042条第2款规定："禁止重婚。禁止有配偶者与他人同居。"本案中，梁某在婚姻关系存续期间，与婚外第三人同居生活，并且为第三人生育孩子，其行为严重违背夫妻忠实义务，破坏了家庭的和谐稳定，而且也违反了我国一夫一妻制的婚姻制度。《民法典》第1079条规定："夫妻一方要求离婚的，可以由有关组织进行调解或者直接向人民法院提起离婚诉讼。人民法院审理离婚案件，应当进行调解；如果感情确已破裂，调解无效的，应当准予离婚。有下列情形之一，调解无效的，应当准予离婚：（一）重婚或者与他人同居；……"，梁某在婚内与第三人同居生子，造成夫妻感情破裂。

本案中，赖某和梁某夫妻感情确已破裂的判断标准主要有以下几点：首先，从时间上看，赖某和梁某婚后不久便分居异地，夫妻分居多年，缺乏沟通，进而出现感情危机；其次，从夫妻感情破裂的程度上看，梁某婚内与他人同居并且生子，导致夫妻感情严重破裂；最后，从夫妻双方是否存在重归于好的可能性看，因梁某婚外生子，给赖某造成了精神上的伤害，双方经调解，也未能重归于好。因此，赖某和梁某不存在重归于好的可能性。

综上所述，梁某与他人同居生子，属于夫妻感情确已破裂的法定情形，赖某可以此为由向人民法院起诉离婚。

73. 夫妻一方能否以"视觉威胁"构成家庭暴力为由请求判决离婚？

【要点提示】

实施家庭暴力是确认夫妻感情破裂的法定情形之一，一方采用恐吓性的文字、视频等方式从视觉上威胁对方，构成"视觉威胁"，属于精神暴力，另一方可以此为由起诉离婚。

【典型案例】

倪某（男）与郑某（女）于2018年在朋友聚会中相识，很快就确定恋爱关系，并且于2019年2月登记结婚。两人于2020年5月生育儿子倪甲。结婚之初夫妻感情基础就不好，在生过孩子之后，更是经常因为鸡毛蒜皮的小事发生争执，感情开始出现裂痕。倪某将一个裹着白布的篮球挂在家中的阳台上，在白布上写下郑某的名字以及具有攻击性和威胁性的语句，并且经常击打篮球，从而使郑某产生了心理阴影。在郑某回娘家居住期间，倪某变本加厉，在小人偶身上写上郑某的名字，击打和针扎小人偶，并且录制视频发给郑某。在郑某不理睬的情况下，倪某通过短信、电子邮件、微博及微信等方式对郑某进行污蔑诽谤，在视觉上折磨郑某，使其产生了恐惧感。2021年8月，夫妻双方发生矛盾，倪某对郑某实施身体暴力致其轻伤。郑某忍无可忍，随后向人民法院提起诉讼，请求判决离婚。并且针对倪某在婚姻关系存续期间实施家庭暴力，要求倪某给付精神损害赔偿。

【案情分析】

本案的争议焦点是：能否以倪某实施“视觉威胁”为由判断夫妻感情确已破裂？

《民法典》第1043条规定，夫妻之间应当互相尊重，互相关爱。《民法典》第1042条第3款规定：“禁止家庭暴力。禁止家庭成员间的虐待和遗弃。”本案中，倪某在婚姻关系存续期间，通过恶意击打篮球，以及拍恶劣视频等方式，对郑某进行污蔑诽谤，从视觉上折磨郑某，使其产生恐惧感，属于“视觉威胁”，构成精神暴力。况且倪某在和郑某发生矛盾时实施暴力致其轻伤，属于家庭暴力。《民法典》第1079条第3款规定：“有下列情形之一，调解无效的，应当准予离婚：……（二）实施家庭暴力或者虐待、遗弃家庭成员；……”，倪某从肉体和精神上对郑某进行伤害、折磨的行为，造成夫妻感情破裂。

本案中，倪某和郑某夫妻感情确已破裂的判断标准主要有以下几点：首先，从婚姻基础上看，虽然双方是自由恋爱结婚，但是两人认识时间不长便缔结婚姻，缺乏感情基础；其次，从双方婚后感情看，双方婚后经常因为鸡毛蒜皮的小事发生冲突，并且伴有家庭暴力，由此可见两人婚后并未建立夫妻感情；再次，从双方离婚原因看，正是因为倪某在婚姻关系存续期间对郑某实施精神和肉体上的双重暴力，导致夫妻感情陷入危机；最后，从夫妻关系的未来看，倪某和郑某之间的夫妻感情因家庭暴力已全面破裂，双方的感情危机并非暂时的，而且两人也没有和好的可能性。

综上，倪某对郑某实施的“视觉威胁”行为，构成精神暴力，郑某可以此为由向人民法院起诉离婚。

74. 夫妻一方能否以另一方有吸毒恶习为由请求判决离婚?

【要点提示】

夫妻一方有吸毒恶习且屡教不改是确认夫妻感情破裂的法定情形之一。离婚诉讼中，并非一方有吸毒恶习，法院就会判决离婚，而是夫妻一方具有吸毒恶习且屡教不改才属于夫妻感情确已破裂的法定情形，另一方可以此为由向人民法院起诉离婚。

【典型案例】

马某（男）与张某（女）于2012年相识，并且于2014年5月登记结婚。2015年9月生下一女马甲。在婚后生活中，双方经常因家庭琐事发生纠纷，而且张某发现马某吸食毒品，于2018年10月向人民法院提起离婚诉讼。马某在亲属的劝说下，发誓戒掉毒品。张某决定给马某改过自新的机会，同年11月申请撤回起诉。但是，马某并未戒掉吸毒恶习，并且因犯非法持有毒品罪被判处有期徒刑10个月。张某于2020年6月又以夫妻感情确已破裂为由向人民法院提起离婚诉讼。

本案审理过程中有两种意见。一种意见认为，夫妻双方感情并未完全破裂，马某只是曾经吸毒，后来涉及毒品犯罪，主要是因为交友不慎，不应该认定夫妻感情确已破裂。另一种意见认为，马某不仅有吸毒的恶习，在经过张某多次劝说戒毒后，仍然屡教不改，而后犯有非法持有毒品罪。应当认为马某的行为属于具有吸毒恶习且屡教不改，符合夫妻感情确已破裂的法定情形。

【案情分析】

本案的争议焦点是：能否以马某涉及毒品犯罪为由判断夫妻感情确已破裂？

首先，夫妻一方染上吸毒恶习且屡教不改，不仅将导致整个家庭陷入经济困难，丧失维持婚姻生活的物质基础，而且夫妻之间容易产生矛盾，从而导致夫妻感情破裂。

其次，《民法典》第1079条第3款规定："有下列情形之一，调解无效的，应当准予离婚：……（三）有赌博、吸毒等恶习屡教不改；……"。由此可见，夫妻一方吸毒并且屡教不改，属于夫妻感情确已破裂的法定情形之一。本案中，马某存在吸毒的情形，在张某第一次起诉离婚时，马某承诺不再吸食毒品，张某信以为真，便申请撤回起诉，但是马某此后再次吸毒，并且非法持有毒品，构成犯罪。由此可见，马某并非只有吸毒恶习。

最后，如果夫妻一方仅存在吸毒恶习，但能在亲属、居委会等机构的劝说下戒除毒品，另一方起诉离婚不一定能得到法院的支持。偶尔的吸毒行为，或者虽然存在吸毒的行为，但是已经改正并且获得谅解的，不属于《民法典》第1079条规定的夫妻离婚的法定事由。只有当夫妻一方吸毒恶习难改，不履行家庭义务，导致夫妻感情未能重建，从而夫妻难以共同生活时，另一方才可以向法院起诉离婚。本案中，马某声称自己只是偶尔吸毒，但事实上，他在长时间吸毒的情况下非法持有毒品从而触犯刑法，属于存在吸毒恶习且经过劝说后，仍然屡教不改的行为。应当认定马某和张某夫妻感情确已破裂，准予双方离婚。

75. 夫妻一方外出务工分居5年，另一方能否以感情破裂为由请求判决离婚?

【要点提示】

因感情不和分居满二年是确认夫妻感情确已破裂的法定情形之一。夫妻一方婚后因工作需要与另一方分居5年，如果不是因为夫妻感情不和，而是因客观原因导致的分居，则不属于《民法典》规定的夫妻感情确已破裂的情形。

【典型案例】

李某（女）与张某（男）于2011年经人介绍相识，同年11月按照农村习俗举办了结婚仪式，2012年2月补领结婚证。2013年11月生育长女张甲，2014年1月生下长子张乙。因家庭生活条件拮据，2015年，张某离家外出打工，从那以后再也没有回家，只有逢年过节给李某生活费。李某和张某分居多年，在此期间双方缺乏沟通和了解，夫妻感情早已不在。2020年3月，李某以夫妻双方分居满二年、双方感情确已破裂为由向人民法院提起诉讼，请求判决离婚。

本案审理过程中有两种意见。一种意见认为，双方是相亲认识，并且认识不久便登记结婚，感情基础本身就不牢固。自2015年双方分居生活，至此已经超过5年，因此，李某夫妇感情确已破裂，符合离婚的情形。另一种意见认为，夫妻双方婚后生育两个孩子，感情深厚，互尊互让。张某虽然外出打工多年，双方分居生活，但是并不是因为夫妻感情不和致使分居生活。因此，夫妻双方感情并未破裂。

【案情分析】

本案的争议焦点是：张某因外出打工，导致夫妻分居5年，能否以此判断夫妻感情破裂?

首先，分居是指夫妻双方不再共同居住、生活，包括不再进行性生活等。《民法典》第1079条第3款规定："有下列情形之一，调解无效的，应当准予离婚：……（四）因感情不和分居满二年；……"，由此可知，因感情不和分居满二年属于夫妻感情确已破裂的法定情形。在司法实践中，如果夫妻分居已满二年，但是并未造成夫妻感情破裂，在法院调解下，夫妻有和好的可能，则认为夫妻双方不具备离婚的条件；如果夫妻感情确已破裂，即使双方分居未满二年，经过调解无效，也应当准予离婚。

其次，本案中，张某与李某分居长达5年，是张某外出务工这一客观原因导致的，并非属于因感情不和而分居满二年。张某和李某结婚后夫妻感情尚可，现已结婚十余年，感情基础深厚。并且双方已有两个孩子，年龄尚小，需要一个和谐稳定的家庭。夫妻共同生活期间应当共同履行家庭义务，承担家庭责任，加强沟通交流，夫妻感情有改善的可能。因此，应当认为张某和李某夫妻感情并未破裂。

综上所述，张某和李某虽然事实上分居5年，但是因张某外出工作这一客观因素导致，夫妻双方并未因分居而感情破裂。因此，李某以双方分居满二年、感情确已破裂为由请求离婚的主张不能得到支持。

76. 夫妻一方下落不明满两年，另一方如何离婚？

【要点提示】

夫妻一方下落不明满两年，已经符合宣告失踪的条件。夫妻另一方可以向法院申请宣告失踪，待法院宣告夫妻一方为失踪人后，再提出离婚请求。另一方也可以不申请宣告失踪，直接向法院起诉离婚。

【典型案例】

李某（女）与秦某（男）于2008年在朋友聚会中相识，双方经自由恋爱，于2010年5月登记结婚，在结婚第二年便生下儿子秦甲。2011年，秦某因与上司发生争执而离开单位，自己经营一家小公司。2013年，因公司资金链出现问题，秦某便向A公司借款200万元，李某对此并不知情。2015年6月，秦某因经营不善导致公司破产，无力偿还A公司的借款，并于7月离家出走，杳无音信。A公司找不到秦某，便多次到李某家里催讨债务，给李某的生活带来诸多不便。李某不堪其扰，于2021年8月向法院起诉离婚。

本案审理过程中存在两种意见。一种意见认为，离婚时夫妻双方必须到场，秦某现在下落不明，李某应当等秦某回来后申请离婚。另一种意见认为，李某可向法院申请宣告失踪，待法院宣告秦某为失踪人后，再向法院提起离婚诉讼，法院应当准予离婚。

【案情分析】

本案的争议焦点是：秦某下落不明满两年，李某如何离婚?

首先，夫妻一方下落不明满两年，其配偶有权申请宣告失踪。《民法典》第40条规定："自然人下落不明满二年的，利害关系人可以向人民法院申请宣告该自然人为失踪人。"本案中，李某在秦某下落不明超过两年的情况下，可以向人民法院申请宣告失踪。

其次，《民法典》第1079条第4款规定："一方被宣告失踪，另一方提起离婚诉讼的，应当准予离婚。"人民法院宣告秦某为失踪人后，夫妻之间的婚姻关系实际上已经名存实亡，双方已经不能继续维持夫妻生活。法院宣告秦某为失踪人的事实，标志着夫妻感情确已破裂。李某向法院提出离婚诉求后，法院应当准予秦某和李某离婚，且不用调解。在这种情况下，法院判决离婚的依据不是夫妻感情确已破裂，而是夫妻一方被宣告失踪的客观事实。

再次，夫妻一方申请宣告失踪适用特别程序，而提出离婚适用普通诉讼程序，二者属于不同的法律程序，应当分别进行。另外，如果秦某重新出现，根据《民法典》第45条第1款"失踪人重新出现，经本人或者利害关系人申请，人民法院应当撤销失踪宣告"，秦某可以申请撤销宣告失踪。但是，经法院判决解除的婚姻关系不再恢复。

最后，在本案中，秦某下落不明多年，没有尽到丈夫和父亲的责任，双方的感情确已破裂，在李某无法与秦某到婚姻机关办理离婚手续的情况下，李某可以直接向人民法院起诉要求解除双方的婚姻关系。《最高人民法院关于适用〈中华人民共和国民事诉讼法〉的解释》（2020年修正）第217条规定："夫妻一方下落不明，另一方诉至人民法院，只要求离婚，不申请宣告下落不明人失踪或者死亡的案件，人民法院应当受理，对下落不明人公告送达诉讼文书。"如果李某直接向人民法院起诉离婚，法院只是受理李某的离婚诉求，并不意味着能够直接判决离婚，要根据具体个案作出相应的处理。

综上所述，李某解除与秦某的婚姻关系，是法律赋予李某的权利。李某既可以向法院申请宣告秦某失踪，再提出离婚请求，也可以放弃申请宣告失踪而直接选择起诉离婚。

77. 军人配偶能否以军人与他人同居为由起诉离婚?

【要点提示】

军人配偶如果要求离婚，必须经军人一方的同意。但是，如果军人一方出现重婚、与他人同居等破坏夫妻感情且严重违背夫妻忠实义务的行为，构成重大过错，那么军人配偶就可以直接向有管辖权的人民法院起诉离婚。

【典型案例】

赵某（男）系解放军现役非文职人员，黄某（女）是一名小学老师，双方经媒人介绍，恋爱一年多后于2016年8月登记结婚。婚后经过长时间相处，赵某觉得两人性格不合，双方经常因为家庭日常琐事发生争吵。不久，赵某偶遇了第三人李某，两个人交流后发现双方性格相似，后来赵某和李某开始进一步交往，李某成为赵某的婚外情人。黄某知道后，与赵某深入交谈过几次，但是赵某依旧和李某交往，并且与李某在外同居。黄某见双方没有和好的可能，便向赵某提出离婚。赵某一方面不同意与黄某离婚，另一方面也不想和李某断绝来往。无奈之下，黄某于2020年6月向人民法院提起离婚诉讼，请求法院判决双方离婚。

本案审理过程中存在两种意见。一种意见认为，赵某是现役军人，黄某作为军人配偶，提出离婚应当经过赵某的同意。另一种意见认为，虽然《民法典》规定军人配偶离婚应当经过军人一方的同意，但是军人一方有重大过错的除外。赵某发生婚外情，并且与第三人同居，属于重大过错行为。因此，黄某提出的离婚请求应当得到支持。

【案情分析】

本案的争议焦点是：现役军人配偶能否以军人有重大过错为由向法院提出离婚请求？

首先，在我国，军人担负着保卫国家主权、安全和领土完整等重任，对军人婚姻实行特别保护，是维护军队稳定的需要，因此，《民法典》第1081条规定："现役军人的配偶要求离婚，应当征得军人同意，但是军人一方有重大过错的除外。"这一规定作为军人离婚的强制性规定，是对军人婚姻的特殊保护。一般情况下，军人的配偶要求离婚，必须经过军人一方的同意。

其次，法律在保护现役军人的婚姻和保护军人配偶的合法权益上作出了合理权衡，即如果军人一方有重大过错的，军人配偶无须经过军人同意，即可起诉离婚。《婚姻家庭编的解释（一）》第64条规定："民法典第一千零八十一条所称的'军人一方有重大过错'，可以依据民法典第一千零七十九条第三款前三项规定及军人有其他重大过错导致夫妻感情破裂的情形予以判断。"由此可知，军人一方具有重大过错，可以突破"军人配偶提出离婚应当经过军人同意"的限制。

最后，本案中，赵某作为现役军人，其婚姻当然受到法律的特别保护。但是，赵某在婚姻关系存续期间，与李某发生婚外情，并且在黄某劝说的情况下，毫无悔改之心，更做出与李某同居的行为，构成《民法典》第1081条规定的重大过错行为。

综上所述，黄某在提出离婚请求时，必须经过赵某的同意。但是，赵某发生婚外情且与李某同居，存在重大过错。在黄某和赵某夫妻感情确已破裂的情形下，即使赵某不同意离婚，黄某也可以向法院提起离婚诉讼。

78. 丈夫能否以妻子所生之子并非亲生为由在妻子分娩后一年内提出离婚?

【要点提示】

妻子在婚姻关系存续期间与第三人发生性关系并且怀孕生子，存在重大过错，该行为损害了夫妻感情。即使在妻子分娩后一年内，丈夫仍可突破“在女方分娩后一年内不得离婚”的限制，向人民法院提出离婚诉求。

【典型案例】

程某（男）和张某（女）于2015年3月经人介绍相识，恋爱两年后，于2016年5月领取结婚证，并且于同年6月举行结婚仪式。婚后程某便前往一线城市打工，张某留在老家工作。2017年3月，张某发现自己怀孕，并且告诉程某，两人非常高兴，之后，程某便回老家工作。2018年1月，张某生下一子程甲。几个月后，邻居告诉程某其在外打工时，张某生活不检点。程某便私下带程甲做了亲子鉴定，结果显示程某不是程甲生物学上的父亲。程某怒火中烧，于2018年6月向人民法院提起诉讼，请求判决双方离婚。

本案审理过程中存在两种意见。一种意见认为，程某可以提出离婚，因为张某在夫妻关系存续期间与他人发生性关系并且怀孕生子，其行为已经严重违背夫妻应相互忠诚的义务，损害了程某的合法权益。另一种意见则认为，程某不能提出离婚，因为张某在分娩后一年内，正是婴幼儿需要父母合力抚养的阶段，也是张某身心康复的阶段，如果程某在此时提出离婚，无疑是对张某身体和精神的双重打击，为了保障张某的权益，即使程某并非孩子的父亲，也应当禁止程某在张某分娩后一年内提出离婚。

【案情分析】

本案的争议焦点是，程某能否以张某在婚姻关系存续期间与第三人通奸生子为由，在张某分娩后一年内提出离婚？

首先，《民法典》确立了保护未成年人和妇女合法权益的原则，第1041条第3款规定："保护妇女、未成年人、老年人、残疾人的合法权益。"第1082条规定："女方在怀孕期间、分娩后一年内或者终止妊娠后六个月内，男方不得提出离婚；……"。女方怀孕、终止妊娠或者分娩后，身体正处于虚弱状态，对女方的权益进行保护，符合我国法律和道德的要求。但是，本案中，张某在婚姻关系存续期间与婚外第三人发生性关系并且怀孕生子，是严重违背夫妻忠实义务的行为。

其次，《民法典》第1082条规定："……女方提出离婚或者人民法院认为确有必要受理男方离婚请求的除外。"所谓"确有必要"，是指女方存在过错行为，或者虐待、遗弃婴幼儿，不履行抚养义务，严重损害夫妻关系，导致夫妻感情确已破裂的情形。本案中，张某通奸生子，其行为存在重大过错。虽然法律限制男方在女方分娩后一年内提出离婚，但是，在女方所生子女与男方没有血缘关系的情况下，男方很难再会努力继续维持家庭关系并且照顾女方。因此，张某与第三人通奸生子的行为应当属于法院确有必要受理的情形。

综上，在特定时间内（怀孕期间、终止妊娠六个月内或者分娩后一年内）限制男方提出离婚，不仅是法律规定，也是我国社会主义道德的要求。法律要保护胎儿、婴儿的合法权益，也要保护妇女的合法权益。但是，女方如果发生重大过错，则男方可以提出离婚。本案中，因为张某在婚姻关系存续期间与第三人通奸生子，导致夫妻感情破裂，程某可以在张某分娩后一年内提出离婚。

79. 夫妻在法院判决不准离婚一年后再次起诉离婚能否得到支持?

【要点提示】

夫妻双方并不存在《民法典》第1079条规定的夫妻感情确已破裂的法定事由，向人民法院起诉离婚被判决不准离婚后，双方又分居满一年，再次提起离婚诉讼的，应当认定夫妻感情确已破裂，准予双方离婚。

【典型案例】

代某（男）与张某（女）均离过婚，双方于2001年8月经人介绍相识，经过一段时间的相处，于2002年8月办理结婚登记。婚初，二人感情较好，共同经营一家中医诊所。之后，因代某年龄较大且身体欠佳，自2013年5月开始由张某一人经营中医诊所。近两年来双方经常因为家庭经济问题发生矛盾，于是代某于2020年3月向人民法院提起离婚诉讼。人民法院认为双方都经历过两次婚姻，如今都已迈入老年生活，应更加珍惜眼前的幸福生活，懂得互谅互让、相互包容，因此判决双方不准离婚。此后，代某便去其儿子家或者租赁老年公寓生活，张某多次通过电话与代某沟通联系，并托人送去物品以改善夫妻关系。但是，双方在分居一年之后，代某仍坚持离婚，并且于2021年4月再次向人民法院起诉离婚。

本案在审理过程中存在两种意见。一种意见认为，张某在第一次判决不准离婚后积极联系、关心代某，并主动改善双方的关系，可以看出张某对代某仍然很重视，夫妻感情并未破裂。另一种意见则认为，双方在第一次判决不准离婚后开始分居，并且时间长达一年，代某一直拒绝联系张某，并且坚持离婚，应当认定夫妻感情确已破裂。

【案情分析】

本案的争议焦点是：代某与张某是否感情确已破裂?

《民法典》第1043条第2款规定："夫妻应当互相忠实，互相尊重，互相关爱；……"。本案中，代某和张某属于再婚，双方结婚十几年，应当有深厚的感情基础，且两人均已步入老年，夫妻之间更加应当相互关爱。但是，代某因为家庭经济问题向法院提出离婚，在第一次判决不准离婚后，双方开始分居，一年后，代某再次向法院提起离婚诉讼。《民法典》第1079条第5款规定："经人民法院判决不准离婚后，双方又分居满一年，一方再次提起离婚诉讼的，应当准予离婚。"在第一次判决不准离婚后，张某便积极联系、关心代某，并且主动改善双方关系，可以看出张某不愿离婚、主动和好的意愿。反观代某，双方分居之后就拒绝与张某接触，故而双方没有进行有效的沟通，夫妻感情没有得到根本上的改善。因此，双方分居满一年后，代某再次提起离婚诉讼，应当认定代某和张某夫妻感情确已破裂，准予双方离婚。

80. 夫妻一方为无民事行为能力人，如何起诉离婚？

【要点提示】

夫妻一方在婚姻关系存续期间丧失民事行为能力，另一方不仅未履行夫妻扶养义务，而且长期与他人通奸的，其他有监护资格的近亲属可以要求撤销配偶一方的监护人资格，并依法指定新的监护人。变更后的监护人可以代为提起离婚诉讼，夫妻感情确已破裂，在调解无效的情况下，应当准予离婚。

【典型案例】

陈甲（女）与吕某（男）于2000年经人介绍相识，2002年办理结婚登记。陈甲于2003年6月生育长子吕甲，2006年5月生育次子吕乙，2010年12月生育三子吕丙。2017年，吕甲和吕丙身患疾病不幸去世，陈甲在遭受丧子之痛后心情长期抑郁，导致精神失常并且逐渐患上精神分裂症，无法独立生活。吕某在陈甲患病后，对陈甲的态度发生了很大转变，长时间不回家，不履行对妻子的扶养义务。2020年，吕某拿走陈甲的银行卡，遗弃陈甲。对此，陈甲的妹妹陈乙向法院申请撤销吕某的监护资格，并且申请指定自己为陈甲的监护人。之后，吕某长期与他人通奸。因此，陈乙代为提起离婚诉讼，请求判决陈甲与吕某离婚。

本案在审理过程中有两种意见。一种意见认为，离婚需要夫妻双方亲自到场，陈乙并非婚姻当事人，不能代为提起离婚诉讼。另一种意见认为，陈甲在婚姻关系存续期间因疾病成为无民事行为能力人，想要离婚也不能表达真实意思。吕某在陈甲患病后不履行夫妻间的扶养义务，并且遗弃陈甲，陈乙作为其他有监护资格的人，可以申请变更为陈甲的监护人。陈乙在申请变更陈甲的监护人后，可以代为提起离婚诉讼。

【案情分析】

本案的争议焦点是：陈甲作为无民事行为能力人，如何与吕某离婚?

首先，协议离婚要求夫妻双方在平等、自愿的基础上协商，签订书面离婚协议，并亲自到婚姻登记机关申请离婚登记。具有完全民事行为能力人可以自行判断双方感情是否破裂。但是，对于无民事行为能力人而言，其无法进行真实的意思表示。即使夫妻一方存在严重侵害无民事行为能力人权益的行为，违反夫妻间的扶养义务，因无民事行为能力人不能辨认自己的行为，无法亲自到婚姻登记机关办理离婚手续，因此，只能通过诉讼的方式解除婚姻关系。

其次，《婚姻家庭编的解释（一）》第62条规定："无民事行为能力人的配偶有民法典第三十六条第一款规定行为，其他有监护资格的人可以要求撤销其监护资格，并依法指定新的监护人；变更后的监护人代理无民事行为能力一方提起离婚诉讼的，人民法院应予受理。"由此可知，无民事行为能力人可以由其监护人代为提出离婚诉讼。另外，根据《民法典》第28条，配偶是第一顺位的法定监护人，此时，就需要先变更无民事行为能力人的监护人，再由新的监护人代为提起离婚诉讼。本案中，吕某在陈甲患病后，没有履行夫妻扶养义务，恶意侵吞陈甲的财产，已经严重侵害陈甲的合法权益。陈乙作为其他有监护资格的人，可以申请撤销吕某的监护资格，并且申请指定其为陈甲的监护人。

最后，吕某在陈甲患上精神病后，遗弃陈甲并且长期与他人通奸，导致夫妻生活不能继续维持。《民法典》第1079条第3款规定："有下列情形之一，调解无效的，应当准予离婚：……（二）实施家庭暴力或者虐待、遗弃家庭成员；……"。吕某有遗弃陈甲的行为，夫妻感情确已破裂，陈乙作为陈甲的监护人，可以代为提起离婚诉讼。吕某的行为严重伤害夫妻感情，婚姻已经名存实亡，因此，有必要及时解除该婚姻关系。

81. 夫妻一方因欺诈签订的离婚协议可以撤销吗?

【要点提示】

夫妻一方在离婚时隐瞒重要事实，导致另一方签订离婚协议时做出错误的意思表示的，另一方在离婚后可以就离婚协议中因欺诈而做出的财产分割内容请求人民法院予以撤销。

【典型案例】

廖某（男）与谢某（女）经相亲认识，于2013年4月登记结婚，谢某在结婚前已有一女孙某。2015年7月，廖某、谢某和孙某以家庭为单位，取得某市限价商品房购买资格，并于8月取得该房屋产权。2017年，因投资的服装生意亏本，双方之间开始产生矛盾，廖某经常借酒消愁，回到家中夫妻总是吵架。最终，廖某和谢某因感情不和而签订离婚协议，并办理离婚登记，协议约定："双方所购得的限价商品房所有权归女方所有，女方自己承担房屋后续所有按揭款，男方不承担。男方自愿放弃房屋的分配。"2020年3月，廖某发现谢某在婚姻关系存续期间与他人发生性关系并且怀孕。此时，廖某才知道自己在签订离婚协议时被谢某欺诈。因此，廖某以谢某在婚姻关系存续期间存在严重违背夫妻忠实义务的行为，导致自己在签订离婚协议时做出错误的意思表示为由向法院起诉，请求撤销离婚协议中关于房屋分配的协议，重新分配夫妻共有房屋。

【案情分析】

本案的争议焦点是：因欺诈签订的离婚财产分割协议是否可以撤销?

首先，签订离婚财产分割协议本质上是民事法律行为，应当符合民事法律行为的有效要件。《民法典》第143条规定："具备下列条件的民事法律行为有效：（一）行为人具有相应的民事行为能力；（二）意思表示真实；（三）不违反法律、行政法规的强制性规定，不违背公序良俗。"夫妻双方到民政部门办理离婚手续，就子女抚养、财产分割等问题达成的协议，是当事人在平等自愿的基础上协商一致的结果，并且夫妻双方对于离婚协议的内容应当是各自的真实意思表示。

其次，《民法典》第1076条规定："夫妻双方自愿离婚的，应当签订书面离婚协议，并亲自到婚姻登记机关申请离婚登记。离婚协议应当载明双方自愿离婚的意思表示和对子女抚养、财产以及债务处理等事项协商一致的意见。"离婚协议是对自己权利进行的处分，具有民事合同的性质，对夫妻双方都具有约束力。如果不存在特殊事由，双方应当履行该协议，并且接受该协议带来的法律后果。

最后，本案中，谢某和廖某离婚时，协议双方所购得的限价商品房所有权归谢某所有，廖某不承担房屋后续所有按揭款。但是谢某在婚姻关系存续期间与他人发生性关系并且导致怀孕，存在严重违背夫妻忠实义务的行为。谢某隐瞒重要的事实，导致廖某在签订离婚协议中关于财产分割的条款时做出错误的意思表示，属于欺诈行为。《婚姻家庭编的解释（一）》第70条规定："夫妻双方协议离婚后就财产分割问题反悔，请求撤销财产分割协议的，人民法院应当受理。人民法院审理后，未发现订立财产分割协议时存在欺诈、胁迫等情形的，应当依法驳回当事人的诉讼请求。”由于本案中存在欺诈情形，廖某可以请求撤销离婚协议中财产分割的条款。

82. 夫妻双方在离婚时能否分割尚未办理转让手续的股权？

【要点提示】

夫妻一方用夫妻共同财产以自己的名义与第三人共同设立有限公司后，第三人将公司股权转让给夫妻另一方，但是尚未办理股权转让手续的，在夫妻离婚分割共同财产时，针对未办理登记的股权不按照夫妻共同财产进行分割。

【典型案例】

杨某（男）与赵某（女）于2005年2月相识，自由恋爱后，于2007年3月办理结婚登记手续。婚后双方感情较好，2010年共同前往南方某市工作。后来，杨某做生意时认识了王某，双方相谈融洽，便商量一起创办公司。2015年4月，杨某以夫妻共同财产出资700万元和王某共同创办A有限公司，公司注册资本1000万元，杨某拥有70%的股权。后因王某与杨某在决策上发生争执，王某决定退出该公司，并于2020年3月把其30%的股权转让给赵某，杨某也确认了这一事实，但是未办理公司登记变更手续，也没将赵某的姓名记载在公司章程和股东名册中。同年8月，杨某和赵某的感情出现裂痕，经常因为家庭琐事而争吵，双方随后向法院提起离婚诉讼。法院判决准予离婚，但是未对A有限公司的股权进行分配。之后，王某向法院起诉，请求分割A有限公司所有的股权。

本案审理过程中存在两种意见。一种意见认为，王某已经将股权转让给赵某，那么A有限公司的股权就属于杨某和赵某的夫妻共同财产，应当全部分割。另一种意见则认为，虽然A有限公司登记股东王某已经退出公司，但是没有办理相应的手续和公司变更登记，可能存在善意第三人的情形，因此30%的股份可能涉及第三人的利益，故该股份不应当直接按照夫妻共同财产处理。

【案情分析】

本案的争议焦点是：未办理股权转让手续的部分股权是否应当按照夫妻共同财产进行分割？

首先，在确认自然人股东身份时，应当具备两个条件：第一是向公司出资或者认购股份；第二是股东的姓名记载于公司章程或者股东名册中。本案中，虽然王某将股权转让给了赵某，而且公司另外一名股东杨某也确认该股权转让事实，但是没有办理相应的股权转让手续以及行政变更登记。《公司法》规定必须以公司章程、股东名册以及工商登记确认股东身份，王某将公司股权转让给赵某时，没有办理股权变更手续，从而对外不具有对抗性。

其次，王某仍然是该公司名义上的股东。如果王某再与善意第三人进行股权转让交易，最高人民法院《关于适用〈中华人民共和国公司法〉若干问题的规定（三）》（2020年修正）第25条规定："名义股东将登记于其名下的股权转让、质押或者以其他方式处分，实际出资人以其对于股权享有实际权利为由，请求认定处分股权行为无效的，人民法院可以参照民法典第三百一十一条的规定处理。"在此种情况下，第三人可以善意取得登记在王某名下的股权。此时，杨某与赵某离婚导致强行分割登记在王某名下的股权，可能会侵犯善意第三人的利益。因此，杨某和赵某在分割财产时，不应将该30%的股权份额直接按照夫妻共同财产分割，而应当由三方另行协商解决。

最后，A有限公司70%的股权是杨某以夫妻共同财产出资取得的，夫妻双方离婚时，可以根据《婚姻家庭编的解释（一）》第73条规定协商分割股权，也应当遵循《公司法》关于股权向公司以外的人转让的规定。

83. 离婚时尚未取得所有权的房屋，能否判决归夫妻一方所有?

【要点提示】

夫妻双方在婚姻关系存续期间使用夫妻共同财产购置的房屋，若在离婚时尚未办理产权过户手续，则夫妻双方对该房产不享有所有权，但是享有居住和使用的权利。离婚时对该房产归属有争议的，应当根据实际情况，对房屋的居住、使用做出相应处理。

【典型案例】

金某（男）与张某（女）于2015年1月在朋友聚会上相识，经自由恋爱，于2016年8月办理结婚登记手续。婚初，金某与张某夫妻感情较好，并且于2017年3月生育一子金甲。2018年，金家兄弟分家，金某、张某分得位于某村的平屋一间半。2019年12月，金某夫妇向外村农民蔡某购买位于某镇的二层楼房，价值16万元，但是金某夫妇并没有办理房屋产权过户登记手续。2020年因新冠病毒疫情，金某未能外出打工挣钱，夫妻感情开始恶化，经常因为家庭琐事和抚养金甲的事吵架，于是张某向人民法院起诉离婚。法院在调解无效的情况下，认定夫妻感情确已破裂，判决双方离婚，但是，针对夫妻双方在某镇上的二层楼房未做出分割，而且双方均想将该房屋占为己有。在协商不成的情况下，张某又向法院起诉请求分割该房屋。

在本案审理过程中，针对该房屋如何分割有两种不同的意见。一种意见认为，该房屋系金某夫妇在婚姻关系存续期间用夫妻共同财产所购买的，虽然房屋还未过户至夫妻双方名下，但应当属于夫妻共同财产，可以按照夫妻共有财产予以分割。另一种意见认为，金某夫妇未办理过户登记手续，因而未取得该房屋的所有权，现金某和张某对该房屋的归属有争议，法院不宜判决该房屋所有权的归属，而应根据实际情况判决由当事人使用。

【案情分析】

本案的争议焦点是：尚未取得所有权的房屋在离婚时能否按照夫妻共同财产予以分割？

首先，夫妻在婚姻关系存续期间使用夫妻共同财产购买的不动产，离婚时应按夫妻共同财产予以分割。本案中，金某和张某在2019年以16万元的价格向他人购买的二层楼房，属于夫妻婚姻关系存续期间增加置办的财产。但双方尚未取得该房屋的不动产产权，从所有权的角度来看，所有权具有占有、使用、收益、处分权能，并且四项权能缺一不可。夫妻双方对房产不享有所有权，即无权对房屋的归属或者分割提出请求。

其次，金某夫妇在离婚时尚未取得该房屋的所有权，但享有居住和使用的权利。《婚姻家庭编的解释（一）》第77条第1款规定："离婚时双方对尚未取得所有权或者尚未取得完全所有权的房屋有争议且协商不成的，人民法院不宜判决房屋所有权的归属，应当根据实际情况判决由当事人使用。"离婚时，金某和张某可以就房屋的居住、使用协商解决。在无法达成一致的情况下，法院不宜对房屋所有权进行强制分割，而应根据实际情况，对房屋的居住、使用做出相应的处理。

最后，上述司法解释第77条第2款规定："当事人就前款规定的房屋取得完全所有权后，有争议的，可以另行向人民法院提起诉讼。"待房屋所有权确定后，如若张某或金某仍存在争议，可以另行向法院提起诉讼。

84. 夫妻能否分割离婚后产生的专利权收益？

【要点提示】

夫妻一方在婚姻关系存续期间取得的专利权，具有人身和财产双重属性。夫妻在离婚时，因专利权具有人身性，故不能作为夫妻共同财产进行分割。但专利权收益在婚姻关系存续期间已经确定，离婚后针对该专利权产生的财产利益，应当作为夫妻共同财产予以分割。

【典型案例】

杨某（男）与李某（女）是高中同学，后考入同一所大学。两个人从高中一直相恋到大学，毕业后，于2005年办理结婚登记手续，李某在婚后第二年生下一子杨甲。双方结婚以来，李某一直支持杨某的工作，自己包揽了所有家务，夫妻感情一直很好。2015年，杨某研发了一项机械臂装置，并且申请了发明专利，国家知识产权局于2018年授予杨某该项发明专利权。2019年1月，双方开始时不时地争吵，并且还会互相谩骂和打架。2020年6月，甲公司与杨某商议购买该发明专利，于同年7月签订转让合同，约定甲公司于2020年10月汇给杨某12万元转让费。2020年9月，李某以夫妻性格不合为由向人民法院起诉离婚，法院认为双方感情确已破裂，准予双方离婚。2020年10月，杨某得到甲公司的专利转让费用。李某知道后，便向法院起诉请求分割杨某转让发明专利而获得的转让费。

本案审理过程中存在两种意见。一种意见认为，杨某已经和李某离婚，专利权实际取得的收益是发生在双方离婚后，应当属于杨某的个人财产。另一种意见认为，杨某的专利权是在婚姻关系存续期间取得，并且该收益在婚姻关系存续期间已经确定，因此，离婚后的专利权收益应当属于夫妻共同财产。

【案情分析】

本案的争议焦点是：杨某的专利权在双方离婚后实际取得的财产利益能否作为夫妻共同财产予以分割?

首先，知识产权是指人们就其智力劳动成果所依法享有的专有权利，通常是国家赋予创造者对其智力成果在一定时期内享有的专有权或独占权，包括著作权、专利、商标、企业商号、地理标识、商业秘密等。知识产权具有人身性与财产性双重属性，属于创造人的智力成果，是创造人特有的人身权利，不能视为夫妻共同财产。

其次，对于知识产权产生的财产性利益，《民法典》第1062条规定：“夫妻在婚姻关系存续期间所得的下列财产，为夫妻的共同财产，归夫妻共同所有：……（三）知识产权的收益；……”，同时，《婚姻家庭编的解释（一）》第24条规定：“民法典第一千零六十二条第一款第三项规定的‘知识产权的收益’，是指婚姻关系存续期间，实际取得或者已经明确可以取得的财产性收益。”因此，知识产权收益属于夫妻共同财产，离婚时应当予以分割。而且从我国婚后所得共同制的精神来看，夫妻一方在婚姻关系存续期间基于脑力劳动所取得知识产权所产生的利益，无论是现实利益还是期待性利益，与其他劳动所得的有形财产具有相同的属性，都应当被认定为夫妻共同财产。本案中，杨某专利权的取得是发生在夫妻婚姻关系存续期间，并且专利权的转让也是发生在婚姻关系存续期间，该专利转让费用属于在婚姻关系存续期间可以明确取得的财产性利益。虽然实际取得收益的时间是在夫妻离婚后，但是杨某在婚姻关系存续期间完成专利需要李某的配合与付出，因此，该专利产生的财产利益应当认定为夫妻共同财产。

综上所述，因为杨某的专利权取得是在婚姻关系存续期间，该专利权收益的取得也是在婚姻关系存续期间，双方离婚后，杨某只是实际占有该专利权收益。因此杨某离婚后取得的专利转让费用，应当被认定为夫妻共同财产予以分割。

85. 女方离婚后发现男方隐藏夫妻共同财产，能否请求再次分割共同财产？

【要点提示】

夫妻双方协议离婚后，一方发现另一方的现住房是在婚姻关系存续期间用夫妻共同财产购买的，可以自知道另一方隐藏夫妻共同财产之日起3年内向人民法院提起诉讼，请求再次分割夫妻共同财产。

【典型案例】

蔡某（男）与孙某（女）在2012年4月经同乡介绍认识后开始谈恋爱，并于2014年8月办理结婚登记手续，次年生下一女蔡甲。蔡某于2017年在孙某不知情的情况下用夫妻共同财产购买A房屋一套。2018年，蔡某开始包养一名情妇，并且将A房屋转移至情妇名下，2018年12月，孙某知道蔡某有外遇后，便以感情不和为由与蔡某协议离婚。双方在协议中约定：婚生女蔡甲由孙某抚养，蔡某定期给孙某抚养费和教育费，现夫妻居住的房屋及房屋内所有物品归孙某所有；现金、存款方面双方不存在共同财产，离婚时互不干涉，无须再分割；蔡某经营的公司、所有汽车等财产归蔡某所有。2022年3月，孙某依据离婚协议要求蔡某支付抚养费时，从其朋友那里得知，蔡某在离婚前将A房屋所有权转移给情妇，隐藏了该夫妻共同财产。孙某以此为由向人民法院起诉，请求分割蔡某所购A房屋，但蔡某辩称双方已离婚3年，超过了诉讼时效。

本案审理过程中存在两种意见。一种意见认为，双方已经离婚3年，超过诉讼时效，不能再次申请分割共同财产。另一种意见认为，蔡某在离婚时隐藏夫妻共同财产，应当自孙某发现隐藏夫妻财产时起计算诉讼时效，双方即使离婚3年，也应当予以分割。

【案情分析】

本案的争议焦点是：双方离婚3年后，孙某能否再次请求分割蔡某隐藏的房屋？

首先，夫妻双方在离婚时，共同财产应当由双方协议处理，并且双方对夫妻共同财产享有平等的处理权。本案中，蔡某和孙某在离婚时协商处理了孙某已知的夫妻共同财产。但是，蔡某将在婚姻关系存续期间用夫妻共同财产购买的A房屋转移至情妇名下，对孙某隐藏了该夫妻共同财产。《民法典》第1092条规定：“夫妻一方隐藏、转移、变卖、毁损、挥霍夫妻共同财产，或者伪造夫妻共同债务企图侵占另一方财产的，在离婚分割夫妻共同财产时，对该方可以少分或者不分。离婚后，另一方发现有上述行为的，可以向人民法院提起诉讼，请求再次分割夫妻共同财产。”一方隐藏财产的行为侵犯了另一方对夫妻共同财产所享有的财产权利，因此，如果离婚后另一方发现这一行为，可以请求分割该财产。

其次，《婚姻家庭编的解释（一）》第83条规定：“离婚后，一方以尚有夫妻共同财产未处理为由向人民法院起诉请求分割的，经审查该财产确属离婚时未涉及的夫妻共同财产，人民法院应当依法予以分割。”由此可知，夫妻一方隐藏的财产仍然属于夫妻共同财产，另一方可以请求对此予以分割。本案中，孙某在2022年发现蔡某在离婚时隐藏夫妻共同财产A房屋，可以就蔡某隐藏夫妻财产、尚有夫妻共同财产未分割为由请求法院再次予以分割。

最后，蔡某辩称双方已经离婚3年，超过了诉讼时效。上述司法解释第84条规定：“当事人依据民法典第一千零九十二条的规定向人民法院提起诉讼，请求再次分割夫妻共同财产的诉讼时效期间为三年，从当事人发现之日起计算。”由此可知，分割夫妻共同财产的诉讼时效并非从双方离婚之日起计算，而是从发现隐藏夫妻共同财产之日起计算。如果离婚3年后就不能分割夫妻共同财产，无疑会鼓励夫妻一方转移、隐藏夫妻共同财产的不诚信行为，而且也会侵害夫妻另一方对共同财产所享有的权益，这与我国的社会主义核心价值观相违背。因此，在孙某发现蔡某隐藏夫妻共同财产之日起3年内，均可向人民法院起诉请求再次分割夫妻共同财产。

86. 离婚后，夫妻一方是否有义务向患病一方长期提供经济帮助？

【要点提示】

经济帮助是指离婚时夫妻一方生活困难，具有负担能力的另一方对其给予帮助的情形。如果患病一方离婚时依靠分割的财产能够维持当地基本生活水平，那么有负担能力的另一方就没有义务向其长期提供经济帮助。

【典型案例】

欧某（男）与刘某（女）于2012年4月经亲戚介绍认识，相处一年后，于2013年3月办理结婚登记手续。婚后，夫妻双方的感情较好，刘某于2014年6月生下一女欧甲。刘某患有原发性高血压，需要定期到医院购买相应的药物，每月都会在治病上花费大量的钱财。刘某平时的个人收入主要源于流动卖菜，而且因为生病，一个月只能卖菜几天，其他时间在家休息，欧某在建设单位从事临时水泥工的工作。2019年以来，欧某多次与刘某因家庭琐事争吵，双方甚至大打出手。2021年3月，双方协议离婚，约定女儿由刘某抚养，双方平分共同存款12万元。欧某和刘某现居住的房屋为欧某的婚前个人财产，并且欧某另有房产一处，故双方约定刘某对现居住房屋享有永久居住权。刘某提出自己没有固定工作，且患有严重的慢性疾病，要求欧某持续向自己提供经济帮助，遭欧某拒绝，双方诉至法院。

本案审理过程中存在两种意见。一种意见认为，刘某在离婚后没有固定工作，身患疾病，无法维持生活，欧某应当给予经济帮助。另一种意见认为，刘某在离婚时分得共同存款以及享有现居住房屋的永久居住权，表明其在离婚时并不存在生活困难，欧某没有义务提供经济帮助。

【案情分析】

本案的争议焦点是：欧某在离婚后是否需要向刘某提供长期的经济帮助？

首先，离婚经济帮助是指夫妻离婚时，夫妻一方生活陷入困难时，由具备负担能力的另一方对其给予经济上的帮助，《民法典》第1090条规定："离婚时，如果一方生活困难，有负担能力的另一方应当给予适当帮助。具体办法由双方协议；协议不成的，由人民法院判决。"所谓的"一方生活困难"，指的是依靠个人财产和离婚时所分得的财产无法维持当地基本生活水平，或者一方离婚后没有住处的情形。如果离婚时夫妻一方存在生活困难，具有负担能力的另一方应当予以经济帮助。本案中，刘某在离婚时分得6万元存款，并且欧某以转让房屋居住权的方式对刘某进行了经济帮助，因此刘某不属于离婚时具有生活困难的情形。

其次，《民法典》规定的经济帮助仅限于离婚时，对于离婚时并不存在生活困难、离婚以后发生的经济困难，并没有规定帮助义务。本案中，刘某声称，虽然有部分存款以及永久居住权，但是自己长期患有严重的慢性疾病，需要大量钱财予以支撑，何况自己还要抚养女儿，将来还是会陷入经济困难。对此，欧某在离婚时以转让现居住房屋永久居住权的方式，实际上已经对刘某进行经济帮助，对刘某未来可能发生的经济困难，则没有法律义务提供长期帮助，否则，欧某将永久陷入对离婚后困难的刘某的经济帮助中，对欧某来说有失公平。而且，离婚经济帮助是夫妻双方离婚时一次性的帮助，用来解决夫妻一方离婚时的经济困难，并非长期的经济帮助。

最后，根据《民法典》第1090条的规定，提供经济帮助的夫妻一方应当具有负担能力，所谓负担能力，是指一方在满足自己的合理生活需要后仍有剩余。本案中，欧某虽然有水泥工的工作，但他也是临时工，存在随时失业的可能，不具备向刘某提供经济帮助的能力。

综上所述，刘某提出的长期经济帮助的请求不能得到支持。至于刘某可能会在离婚后一段时间内陷入困难情形，欧某作为前夫，在道义上可以帮助刘某。

87. 夫妻一方负担较多义务，离婚时能否要求离婚经济补偿？

【要点提示】

婚姻关系存续期间，夫妻一方在抚育子女、照料老人等家庭事务中付出较多义务，并且在工作上协助夫妻另一方，对其工作提供较大帮助的，离婚时，可以就其在家庭的付出，请求另一方给予离婚经济补偿。

【典型案例】

江某（男）与王某（女）于1999年2月经人介绍认识，后于2005年10月按照民间习俗举办婚礼，但并未办理婚姻登记手续。之后，王某在2006年11月生下长子江甲，在2007年12月生下次子江乙。生下次子后，双方于2008年1月补办结婚登记手续。由于江甲身患严重的慢性疾病，每月需要花费大量医药费，于是江某便前往省会城市打工，2009年到2019年间，只有过年才回家。江某的父母在这期间先后瘫痪，都是由王某亲自照顾，并且两位老人的丧事都是由王某操办，江某并未参与。2019年12月，江某回到老家寻找工作，其间，王某为江某找工作提供了诸多帮助。由于夫妻双方太长时间分隔异地，早已不能适应彼此的生活，经常因为家庭小事吵闹。王某认为离婚不利于双方名声，便一直隐忍，直到2021年3月，双方因为一件小事争吵起来，积压在王某心中的怨气暴发，王某遂向法院提起离婚诉讼，并且主张江某给付离婚经济补偿。

【案情分析】

本案的争议焦点是：江某是否应当给予王某离婚经济补偿？

首先，《民法典》第1088条规定："夫妻一方因抚育子女、照料老年人、协助另一方工作等负担较多义务的，离婚时有权向另一方请求补偿，另一方应当给予补偿。具体办法由双方协议；协议不成的，由人民法院判决。"我国离婚经济补偿制度舍弃了之前夫妻采用分别财产制的前提，无论夫妻采用何种财产制，均可请求离婚经济补偿。

其次，夫妻一方在离婚时，提出经济补偿请求应当以负担较多家庭义务为前提。家庭义务包括但不限于抚育子女、照料老年人、协助另一方工作等方面，只要是为家庭利益而负担的义务都应当属于家庭义务，实践中主要表现为家务劳动，比如准备食物、整理衣物、为家人购买消费品等。离婚经济补偿制度的设立，旨在承认家务劳动的价值，使经济地位较弱而承担较多家务的夫妻一方，在离婚时就家务劳动获得补偿。本案中，王某作为全职妻子，在长子生病时，全身心地照顾儿子；在丈夫离家打工之时，照顾其瘫痪的父母直至两位老人去世；在江某找工作时提供了诸多帮助，因此在家庭劳动上负担了较多义务。

最后，离婚经济补偿请求只能由负担较多义务的夫妻一方在离婚时提出。根据《民法典》第1088条的规定，有请求权的一方应当在离婚时提出补偿要求，法院审理离婚案件时不得主动适用，但是可以向当事人一方释明经济补偿请求权，由当事人决定是否行使该权利。本案中，王某在提起离婚诉讼的同时提出经济补偿请求，法院应予以支持。

88. 夫妻一方发现对方婚内出轨且与他人生子，离婚时能否请求离婚损害赔偿？

【要点提示】

夫妻一方在婚姻关系存续期间出轨，并且和第三人生子，其行为严重违背夫妻忠实义务，属于有其他重大过错导致离婚的情形。因此，离婚时，另一方可以提出离婚损害赔偿。

【典型案例】

崔某（男）与胡某（女）于2011年5月经人介绍认识，在恋爱3个月后，于同年8月办理了结婚登记手续。婚后，两人感情非常好，先后于2012年5月和2014年12月生下两女崔甲和崔乙。随着夫妻双方的深入接触，发现彼此性格不合，加上生下两个女儿，生活压力变大，双方经常因为一些鸡毛蒜皮的小事争吵。2018年6月，崔某在聚会上认识了第三人谢某，双方产生好感，发展成了婚外情，并且谢某在2020年8月为崔某生下一子。此后，胡某与崔某的矛盾更加激化，崔某在气愤时说出了自己有情人，并且已经生下一子。胡某非常生气，随即向法院起诉离婚，并且以崔某通奸生子为由请求其给付离婚损害赔偿。

【案情分析】

本案的争议焦点是：胡某能否以崔某出轨并且与他人生子为由请求离婚损害赔偿?

首先，离婚损害赔偿是指在婚姻关系存续期间，夫妻一方发生法定过错行为导致离婚的，无过错方有权要求过错方给予的经济赔偿。《民法典》第1091条规定：“有下列情形之一，导致离婚的，无过错方有权请求损害赔偿：（一）重婚；（二）与他人同居；（三）实施家庭暴力；（四）虐待、遗弃家庭成员；（五）有其他重大过错。”“有其他重大过错”是《民法典》新增的一个兜底性条款，指过错行为达到了与前四种情形相当的程度。由此可知，离婚损害赔偿请求权成立的前提是夫妻一方实施了法定的过错行为。本案中，崔某在婚姻关系存续期间与他人有不正当男女关系，并生育小孩，其行为严重违背夫妻忠实义务，并且导致夫妻双方离婚，属于有其他重大过错。

其次，夫妻一方的过错行为导致离婚。换言之，一方的过错行为与双方离婚之间具有因果关系。本案中，崔某的出轨行为造成了胡某和崔某夫妻感情彻底破裂，是双方离婚的直接导火索。

再次，另一方因过错方的行为受到了物质和精神的双重损害。本案中，物质方面的损害主要表现为崔某的过错行为导致夫妻共同财产减少；精神方面的损害表现为因崔某的过错行为导致胡某精神上出现痛苦、暴躁、抑郁等情形。

最后，受害方不存在过错行为。本案中，胡某没有实施法定的过错行为。《婚姻家庭编的解释（一）》第90条规定：“夫妻双方均有民法典第一千零九十一条规定的过错情形，一方或者双方向对方提出离婚损害赔偿请求的，人民法院不予支持。”如果夫妻双方都存在过错，则无法请求离婚损害赔偿。

综上所述，崔某在婚姻关系存续期间与第三人通奸生子，违背夫妻忠实义务，给胡某造成物质和精神损害，导致双方离婚。因此，胡某在提起离婚时可以请求具有过错的崔某给付离婚损害赔偿。上述司法解释第86条规定："民法典第一千零九十一条规定的'损害赔偿'，包括物质损害赔偿和精神损害赔偿。……"。据此，胡某可以请求崔某给付物质损害赔偿和精神损害赔偿。

89. 夫妻离婚协议中的房屋赠与子女条款能否撤销？

【要点提示】

夫妻双方在离婚时约定，将在婚姻关系存续期间购买的房屋赠与未成年子女的，若离婚后一方以房屋产权尚未变更为由，主张撤销之前的赠与行为并重新分割夫妻共同财产，则该行为破坏了离婚协议的整体性，违背了诚实信用原则，其主张不能得到支持。

【典型案例】

王甲（男）与李某（女）于2010年在老乡聚会相识，之后开始恋爱，并于2012年11月办理结婚登记手续。李某于2013年9月生下一子王乙。2017年，夫妻双方经过努力，购买房屋一套。之后双方开始出现不和，经常发生矛盾，最终于2019年9月登记离婚。双方在离婚时对于共同所有的该房屋并未分割，而是通过离婚协议约定，该房屋所有权在王甲付清贷款后归王乙所有，并且约定夫妻债务由王甲一人偿还。2020年1月，李某起诉至法院，称该房屋贷款尚未还清，房屋所有权亦未变更至王乙名下，即还未实际赠与王乙，目前仍属于王甲和李某双方共有财产，主张撤销之前的赠与行为，由法院依法分割该夫妻共同财产。

本案审理过程中有两种不同的意见。一种意见认为，根据《民法典》合同编第658条规定，赠与人在赠与财产的权利转移之前可以撤销赠与，该房屋赠与条款可以撤销。另一种意见认为，离婚协议是对婚姻关系解除、子女抚养、财产分割等事项达成的协议，不能简单地适用合同编的规定行使任意撤销权。

【案情分析】

本案的争议焦点是：王甲和李某在离婚协议中约定将该房屋赠与未成年子女的条款，能否在赠与房产变更之前予以撤销？

首先，夫妻双方离婚时依法签订的离婚协议，对男女双方具有法律约束力。《民法典》第1076条规定："夫妻双方自愿离婚的，应当签订书面离婚协议，并亲自到婚姻登记机关申请离婚登记。离婚协议应当载明双方自愿离婚的意思表示和对子女抚养、财产以及债务处理等事项协商一致的意见。"本案中，王甲和李某通过协议离婚的方式解除双方的婚姻关系，并且在离婚协议中对夫妻共有的该房屋做出处理，即在贷款付清之后将房屋所有权过户至未成年的儿子王乙名下。《婚姻家庭编的解释（一）》第69条第2款规定："当事人依照民法典第一千零七十六条签订的离婚协议中关于财产以及债务处理的条款，对男女双方具有法律约束力。……"，据此，王甲和李某在离婚时签订的房屋处理条款具有法律效力，双方应当按照离婚协议中的条款履行相应的义务。

其次，任意撤销赠与条款会破坏离婚协议的整体性。离婚协议中双方将该房屋赠与王乙的约定与解除婚姻关系、子女抚养、财产分割、债务偿还构成一个整体，正是因为李某同意将该房屋赠与王乙，王甲才同意离婚，并且独自承担夫妻共同债务，这是李某为换取王甲同意协议离婚而承诺的义务。如今，李某提出撤销赠与的请求，无疑是破坏了离婚协议的整体性，其没有履行离婚协议中的义务，构成违约，严重违反诚实信用原则，如果支持其主张，将会助长夫妻一方恶意占有财产的行为，为法律和道德所不允许。

最后，李某撤销赠与条款的行为也会对其未成年子女权益造成侵害。

《民法典》第1041条第3款规定："保护妇女、未成年人、老年人、残疾人的合法权益。"婚姻是家庭的基础和保障，在离婚案件中，更应当充分体现保护未成年子女利益的原则。本案中，王乙作为受有利益的第三人，当李某未按照离婚协议的约定履行转让房屋所有权的义务时，王乙的利益就不能实现。如果支持李某的主张，将不利于保护未成年子女的权益。

综上所述，李某离婚后要求撤销之前的赠与行为，并重新分割夫妻共同财产的行为破坏了离婚协议的整体性，违背了诚实信用原则，该主张不能得到支持。

90. 一方协议离婚时放弃赔偿，离婚后能否以另一方曾实施家庭暴力为由要求损害赔偿？

【要点提示】

夫妻一方在协议离婚时明确表示放弃离婚损害赔偿，此后又以另一方在婚姻关系存续期间实施家庭暴力为由请求精神损害赔偿的，因其已经在平等、自愿的基础上处分了自己的权利，故不应再支持其主张。

【典型案例】

魏某（男）与陈某（女）于2016年3月在网上认识并开始谈恋爱，于同年12月办理结婚登记手续。婚后两人深感性格不合，并且魏某经常因为小事打骂陈某，对其实施暴力，经居委会劝说无效，双方最终于2020年10月签订离婚协议，主要载明：魏某与陈某自愿离婚；一套房屋属夫妻共同财产，离婚后归魏某所有；夫妻无共同债权债务；双方互不进行经济帮助，也不对对方进行离婚损害赔偿和补偿。离婚后，陈某越发觉得离婚协议对自己不公平，况且婚内魏某也经常对自己实施家庭暴力，随即向法院起诉，以魏某在婚姻关系存续期间实施家庭暴力为由，请求其给付离婚损害赔偿。

本案审理过程中存在两种意见。一种意见认为，魏某在婚姻关系存续期间对陈某实施家庭暴力，属于离婚损害赔偿的法定情形，应当予以支持。另一种意见认为，离婚协议是夫妻双方在自愿的情况下签订的，陈某在离婚时已经放弃要求赔偿的权利，故不能在离婚后再次主张。

【案情分析】

本案的争议焦点是：陈某在离婚协议中已经放弃离婚损害赔偿，能否在离婚后再行主张？

首先，《民法典》第1076条第2款规定："离婚协议应当载明双方自愿离婚的意思表示和对子女抚养、财产以及债务处理等事项协商一致的意见。"本案中，魏某和陈某在平等、自愿的基础上对财产分割、债权债务等事项进行协商，并且陈某在离婚协议中放弃离婚损害赔偿。根据《婚姻家庭编的解释（一）》第69条第2款，魏某和陈某在离婚协议中所约定的事项对双方都具有法律约束力。

其次，陈某在离婚后，违背离婚协议中的约定，以魏某在婚姻关系存续期间存在家庭暴力为由，再行主张损害赔偿的请求不能得到支持。上述司法解释第89条规定："当事人在婚姻登记机关办理离婚登记手续后，又以民法典第一千零九十一条规定为由向人民法院提出损害赔偿请求的，人民法院应当受理。但当事人在协议离婚时已经明确表示放弃该项请求的，人民法院不予支持。"离婚协议是夫妻双方关于婚姻关系解除、子女抚养、共同财产分割、离婚损害赔偿等内容所做的一个整体性方案，所载的各项内容互为前提、互为结果，构成一个整体，如果夫妻一方反悔，将是对离婚协议整体性的破坏。陈某在签订离婚协议时已经放弃离婚损害赔偿请求权，说明其已经对自己的权利进行处分，事后不能再提出离婚损害赔偿的请求。

综上所述，陈某在离婚时明确表明放弃了离婚损害赔偿请求权，即使魏某在婚姻关系存续期间存在《民法典》第1091条规定的实施家庭暴力情形，但由于陈某已经处分自己的权利，故法院不再支持其离婚损害赔偿的主张。

第五章　收养

91. 夫妻一方可否以未经自己同意为由要求确认送养行为无效?

【要点提示】

生父母送养子女，应当由双方达成一致意见，共同送养，这是送养子女的基本原则。但是，生父母中的一方不明或者查找不到，另一方抚养未成年子女又确有困难的，为了保障未成年人获得良好的成长环境，可以单方送养。

【典型案例】

2019年10月，秦某（男）与李某（女）在一场朋友聚会中相识，互生好感，随即陷入热恋，并于2个月后迅速结婚。婚后，李某因怀孕便辞去工作在家待产，需要秦某一人维持家庭的经济支出，秦某感觉压力很大，时常与李某发生口角。2021年1月，两个人的孩子出生，家庭日常支出再一次提升。秦某为了逃避压力，便不辞而别，并且更换了手机号。李某独自一人抚养孩子非常困难，加之其没有工作，没有经济来源，根本无法保证孩子的正常生活需要。此时，李某的朋友张某夫妇表示愿意收养孩子，李某便通过有关部门对孩子的生父秦某进行查找，经过一定的时间并未查找到秦某。其后，民政部门依照法定程序为张某夫妇收养李某的孩子办理了收养登记手续。

2021年11月，秦某从外地回来，得知孩子已经被张某夫妇收养后，极为恼火，便找李某讨要说法。交涉无果后，秦某向法院提起诉讼，要求确认该送养行为无效。秦某称，自己是孩子的父亲，在其没有同意的情况下，李某无权将孩子送养给别人，该收养行为应当被确认为无效。李某则称，其送养孩子的原因是自己一人抚养孩子确有困难，并且经过有关部门查找后，并未找到秦某，其独自一人送养孩子符合法律规定，并且进行了合法的收养登记程序，该送养行为合法有效。

【案情分析】

本案的争议焦点是：在查找不到秦某的情况下，李某单独送养孩子是否符合法律规定？

首先，《民法典》第1094条规定："下列个人、组织可以作送养人：（一）孤儿的监护人；（二）儿童福利机构；（三）有特殊困难无力抚养子女的生父母。"据此，有特殊困难无力抚养子女的生父母可以将子女送养给他人，这是送养子女的客观条件。生父母作为未成年子女的法定监护人，本应当自觉履行抚养义务；未成年子女与生父母共同生活，也更有利于未成年子女的成长。但生父母确有困难，无力抚养未成年子女时，为了保障未成年人获得良好的成长环境，法律允许生父母将未成年子女送养给他人。本案中，秦某作为孩子的生父，不履行抚养义务，出走外地且失联，而李某没有其他经济来源，抚养孩子确有困难，难以保障孩子的健康成长，符合法律规定的送养人条件。

其次，《民法典》第1097条规定："生父母送养子女，应当双方共同送养。生父母一方不明或者查找不到的，可以单方送养。"据此，送养子女原则上应当由生父母达成一致意见，一方不得擅自决定送养孩子。但是，法律规定了可以由一方单独送养的法定情形，即生父母一方不明或者查找不到，这是法律的例外规定。本案中，秦某不辞而别，致使李某与孩子陷入生活困难，在送养孩子之前，有关部门按照法律规定对秦某进行了查找，但并未查找到秦某，属于生父母一方查找不到的情形，此时，李某单独送养孩子的行为符合法律规定。

最后，民政部门依照法定程序办理了收养登记手续，张某夫妇与孩子已经形成了合法有效的养父母子女关系。综上，李某符合送养人条件，属于法律规定的可以单方送养子女的情形，张某夫妇收养孩子时依法办理了收养登记，送养及收养过程中均不存在违法行为，秦某要求确认该送养行为无效没有法律依据。

92. 已完成登记但不符合法定条件的收养关系可以申请撤销吗?

【要点提示】

查找不到生父母的未成年人是民法典规定的可以被收养的对象。办理收养登记前，民政部门应当进行公告。违反法定的收养条件，即使收养行为已经办理登记，人民法院依然有权依法撤销收养登记。

【典型案例】

2020年7月，金某报警称其母亲于一周前捡拾到一名男弃婴，经民警查看，发现婴儿随身物品中有健康检查等证明，名叫周甲（2018年12月出生），民警建议将男婴送至福利院。随后，派出所与福利院签订疑似弃婴抚养协议，次日，福利院与金某夫妇签订寄养协议。同年8月，福利院在报纸上刊登寻找弃婴父母的公告，公告期满后无人认领。派出所对周甲的DNA进行比对查找，也未查找到其生父母，同年11月，派出所向民政局出具了相关材料，说明经体检单位核实，无法查找到男童父母的相关线索。福利院为男童取名金某一，并申报户口。12月，金某夫妇申请收养金某一，民政局当即为其办理了收养手续。

2021年3月，周某和王某向民政局申请撤销金某一的收养登记，未果后，向人民法院提起行政诉讼。周某和王某称，两人是金某一的生父母，并出具亲子鉴定报告证明其与金某一的血缘关系。他们称因夫妻双方个人原因，金某一被寄养在金某母亲家中，之前曾支付过寄养费，金某母亲完全知晓两人的个人信息，金某一并非查找不到生父母的未成年人。金某通过谎报警情的方式欺骗公安机关，意图通过该方式确认金某一是查找不到生父母的未成年人。周某曾委托律师对金某进行询问，其改口承认自己知道金某一是寄养在母亲家中，律师出具了书面材料予以说明。

【案情分析】

本案的争议焦点是：金某一是否符合被收养的法定条件?

首先，金某一被收养并办理收养登记的核心前提是其被确认为查找不到生父母的未成年人。公安机关及民政部门均自认为履行了查找职责，从而确认金某一符合被收养人的法定条件，并据此为金某夫妇收养金某一办理了收养登记。因此，金某一是否属于查找不到生父母的未成年人成为本案的关键。

其次，金某一并不属于《民法典》第1093条规定的“查找不到生父母的未成年人”。民政部门依据公安机关出具的相关材料，确认金某一是查找不到生父母的未成年人。但根据本案查明的事实，第一，金某不仅承认了其母亲捡拾婴儿的报警内容虚假，而且承认知晓周某和王某将金某一寄养在其母亲家中的事实。第二，从周某和王某支付寄养费的记录来看，可以确认金某的母亲掌握周某和王某的个人信息和联系方式。因此，公安机关与民政部门认定金某一属于查找不到生父母的未成年人与事实不符，金某一不符合被收养人的法定条件。

最后，民政部门并未履行法定的公告查找职责。《民法典》第1105条第2款规定：“收养查找不到生父母的未成年人的，办理登记的民政部门应当在登记前予以公告。”民政部门办理查找不到生父母的未成年人的收养手续时，负有公告查找职责。本案中，办理公告查找的机关为福利院，而非办理收养登记的民政部门，公告查找主体与《民法典》的规定不符，程序违法。根据《中国公民收养子女登记办法》第7条第2款的规定，“收养查找不到生父母的弃婴、儿童的，收养登记机关应当在登记前公告查找其生父母；自公告之日起满60日，弃婴、儿童的生父母或者其他监护人未认领的，视为查找不到生父母的弃婴、儿童。……”据此，只有公告之日起60日后仍未查找到生父母的，才可以办理收养登记。当地办理收养登记的民政部门在没有履行公告查找职责的情况下，在申请人申请收养金某一的当日即为其办理收养登记手续，不符合法律规定。

综上，在金某一的收养登记过程中存在事实认定错误，金某一并非查找不到生父母的未成年人，不符合被收养的法定条件。同时，民政部门在办理收养登记过程中存在程序违法，该收养行为应依法予以撤销。

93. 双方订立收养协议的收养行为受法律保护吗？

【要点提示】

《民法典》规定，合法有效的收养行为，在实体上要求满足被收养人、送养人、收养人的法定条件；在程序上要求经民政部门办理收养登记手续。公民之间擅自进行的收养行为无效。

【典型案例】

李某（男）与齐某（女）系夫妻关系。2010年，李某夫妇唯一的儿子溺水身亡，二人已年近半百，十分悲伤。2015年，李某经人介绍，认识了时年19岁的李某一，非常喜欢他，希望其跟随自己生活。同年8月，李某与李某一的父亲签订收养协议，约定：1. 李某一之父将李某一过继给李某，李某夫妇与李某一形成养父母子女关系；2. 李某一来到李某家庭后，应尊敬父母，并为父母养老送终；3. 李某承担李某一结婚等事项的花销。

2021年1月，李某病故，留下房产两套，以及存款80万元。李某一要求继承李某的遗产，齐某表示不同意，认为李某一不是李某的继承人，自己才是李某唯一的继承人。双方因此产生争议，并起诉至法院。在审理过程中，双方针对李某一是否有继承权的问题展开激烈争论。李某一称，自己的生父与李某夫妇签订过收养协议，自己与李某夫妇是养父母子女关系，并且在李某病危期间自己尽到了赡养义务，因此对李某的遗产享有继承权。齐某反驳称，第一，李某与李某一的父亲签订收养协议时，李某一已经成年，不属于可以被收养的对象。第二，该收养行为没有进行收养登记，属于无效的民事法律行为，双方不具有收养关系，因此，李某一不享有对李某的继承权，自己是李某唯一的合法继承人。

【案情分析】

本案的争议焦点是：李某与李某一之间的收养行为是否有效？

首先，《民法典》第1093条规定："下列未成年人，可以被收养：（一）丧失父母的孤儿；（二）查找不到生父母的未成年人；（三）生父母有特殊困难无力抚养的子女。"可见，可以被收养的对象仅限未成年人。成年人已经是完全民事行为能力人，可以依靠自己的劳动能力维持生活，亦不存在被收养的必要。本案中，李某一的父亲在与李某签订收养协议时，李某一已经超过18周岁，因此不属于适格的被收养对象。李某收养成年人的行为违反法律的强制性规定，该收养行为不具有法律效力。《民法典》第1105条第1款规定："收养应当向县级以上人民政府民政部门登记。收养关系自登记之日起成立。"据此，收养关系的形成必须通过民政部门的收养登记，而不得自行创设。本案中，李某在与李某一的父亲签订收养协议后，并未向民政部门申请收养登记，当然，即使双方申请收养登记，也会因为李某一不属于可以被收养的对象而无法办理。因此，李某与李某一之间不形成养父母子女关系，该收养行为无效。

其次，《民法典》第1127条规定："遗产按照下列顺序继承：（一）第一顺序：配偶、子女、父母；（二）第二顺序：兄弟姐妹、祖父母、外祖父母。……"第一顺序继承人范围的确定以夫妻关系和父母子女关系为基础，第二顺序继承人范围的确定以父母子女关系为基础形成外延血缘关系。合法的收养关系可以形成拟制血亲关系，同样适用《民法典》婚姻家庭编与继承编的相关规定。本案中，李某与李某一之间并没有建立合法的养父母子女关系，因此，李某一要求继承李某的财产没有法律依据。

综上，李某和李某一之间的收养行为违反了法律的强制性规定，属于无效的收养行为，自始没有法律约束力，李某一亦不具有对李某的继承权。

94. 送养人是否有权以经济状况好转为由单方要求解除收养关系？

【要点提示】

生父母有特殊困难无力抚养子女的，可以将其送养，但此后不得以经济状况好转为由，单方要求解除收养关系。只有当收养人不履行抚养义务，存在虐待、遗弃等侵害未成年养子女合法权益的行为时，送养人才有权单方要求解除收养协议。

【典型案例】

李某（男）与吴某（女）经人介绍相识，于2009年3月办理结婚登记。2011年6月，吴某生下一子李甲。2012年底，吴某因车祸住院，这场突如其来的意外使得本就不富裕的家庭雪上加霜。迫于无奈，李某夫妇欲将不满两岁的李甲送由吴乙夫妇收养。吴乙夫妇系吴某兄嫂，双方家庭一直来往密切、关系较好。李某夫妇表达了想要送养李甲的想法后，吴乙夫妇表示，结婚数年二人一直未育有子女，愿意收养李甲。为避免日后产生纠纷，双方签订收养协议，并办理了相关收养手续。

2019年，李某夫妇的家庭条件得到改善，欲以经济状况好转为由解除收养关系，遭吴乙夫妇拒绝。随后，李某夫妇诉至人民法院，请求解除收养关系。庭审中，吴乙夫妇表示，收养协议的解除与否取决于李甲的意愿，如李甲不愿意继续与吴乙夫妇生活，则同意解除收养关系。经征询李甲意见，其表示愿意回到李某夫妇家中生活，双方一致同意解除收养协议，并由李某夫妇给予吴乙夫妇一定经济补偿。

【案情分析】

本案的争议焦点是：李某夫妇是否有权以经济状况好转为由，单方要求解除收养协议?

首先，《民法典》第1093条规定："下列未成年人，可以被收养：……（三）生父母有特殊困难无力抚养的子女。"本案中，李某夫妇生活困难，符合法律规定的送养孩子的条件，在办理完毕一系列收养手续后，收养关系依法成立。

其次，也是本案的关键问题，几年后李某夫妇经济状况好转，即当初送养子女的条件已经消失，此时能否以此为由单方要求解除收养关系?《民法典》第1114条第2款规定："收养人不履行抚养义务，有虐待、遗弃等侵害未成年养子女合法权益行为的，送养人有权要求解除养父母与养子女间的收养关系。送养人、收养人不能达成解除收养关系协议的，可以向人民法院提起诉讼。"据此可知，法律确实赋予送养人一定情形下单方要求解除收养关系的权利，但经济状况好转情形并未被涵盖在内。只有在吴乙夫妇实施了虐待、遗弃等侵害李甲合法权益的行为，即吴乙夫妇并未妥善地履行抚养教育义务时，李某夫妇才有权单方面要求与吴乙夫妇解除收养关系。由于本案中并不存在吴乙夫妇侵害李甲合法权益的情形，因此，李某夫妇不享有单方解除收养协议的权利。

最后，不容忽视的是，《民法典》第1114条第1款规定："收养人在被收养人成年以前，不得解除收养关系，但是收养人、送养人双方协议解除的除外。养子女八周岁以上的，应当征得本人同意。"该规定虽然主要是对收养人解除收养协议的限制，但也赋予了当事人协议解除收养关系的权利。只要收养人与送养人协商一致，并经8岁以上被收养人的同意，就可以解除收养关系。本案中，李某夫妇最终通过与吴乙夫妇协商，并经8岁的李甲同意后，解除了收养关系。

95. 生父母一方被宣告死亡后，另一方是否有权单方送养子女?

【要点提示】

生父母一方被宣告死亡后，另一方有特殊困难无力抚养子女的，有权单方送养。法院撤销死亡宣告对依法成立的收养关系不产生影响，被宣告死亡的生父母一方在死亡宣告被撤销后，不得以未经本人同意为由，主张收养行为无效。

【典型案例】

钱某（男）与邹某（女）经相亲认识，于2010年7月办理结婚登记。婚后不久，双方育有一子钱甲。钱甲出生后，家庭开销大幅增加，为了给妻儿提供更好的生活条件，钱某开始外出打工。起初，钱某一直与家里保持联系，并按时往家里汇款。2013年4月，钱某突然音讯全无，邹某多方寻找未果，于2017年9月向人民法院申请宣告钱某死亡。随着钱甲日渐长大，邹某一人抚育孩子更加艰辛，权衡再三后，邹某决定将孩子送由邻村赵某夫妇收养，双方办理了相关收养手续。2020年5月，钱某归家时发现儿子已经被他人收养，便向法院申请撤销死亡宣告，欲领回钱甲，却遭赵某夫妇拒绝。钱某遂诉至法院，以邹某送养钱甲未经本人同意为由，主张该收养行为无效。

在本案的审理过程中主要存在两种不同意见。一种意见认为，为了更好地保障未成年人的合法权益，钱某被宣告死亡后，邹某有权单方送养。该收养关系依法成立，法院撤销对钱某的死亡宣告并不会对收养行为的效力产生任何影响。另一种意见则认为，送养子女应当由生父母双方共同送养，未经钱某同意，邹某无权单方送养。由于收养关系缺乏成立的实质要件，钱某申请撤销死亡宣告后，有权请求法院确认该收养行为无效。

【案情分析】

本案的争议焦点是：钱某被宣告死亡后，邹某是否有权单方送养孩子？

首先，《民法典》第1093条规定："下列未成年人，可以被收养：（一）丧失父母的孤儿；（二）查找不到生父母的未成年人；（三）生父母有特殊困难无力抚养的子女。"同时，《民法典》第1097条规定："生父母送养子女，应当双方共同送养。生父母一方不明或者查找不到的，可以单方送养。"虽然并未涵盖生父母被宣告死亡这种情况，但在本案中，钱某被法院宣告死亡后，邹某应享有单方送养子女的权利。第一，从立法目的上看，法律允许一定情形下的单方送养，旨在为未成年人提供稳定的生活保障。钱某被宣告死亡后，与生父母一方不明或者查找不到产生相同的结果，即同样导致生父母共同送养难以实现，阻碍未成年子女及时得到帮助和保护。因此，倘若钱某被宣告死亡后，不允许生活困难的邹某单方送养，有违立法本意。第二，生父母一方不明或者查找不到，并不意味着其已经死亡，此种情况下法律尚且允许单方送养，钱某被宣告死亡，产生与自然死亡相同的法律后果，共同送养的行为更加无法实现，邹某更应享有单方送养的权利。第三，从体系解释的角度出发，《民法典》第1108条规定："配偶一方死亡，另一方送养未成年子女的，死亡一方的父母有优先抚养的权利。"此条款的目的虽然主要在于赋予死亡一方父母对未成年子女的优先抚养权，但其暗含一个适用前提，即配偶一方死亡，另一方可以单方送养子女。据此，应当对《民法典》第1097条做扩大解释，将生父母一方死亡也涵盖到允许单方送养的情形中。

其次，本案中，钱某被宣告死亡后，邹某因生活困难而单方送养钱甲。双方办理完毕相关收养手续后，收养关系依法成立，且该收养关系的效力不因单方送养或者共同送养而存在任何区别。同时，《民法典》第52条规定："被宣告死亡的人在被宣告死亡期间，其子女被他人依法收养的，在死亡宣告被撤销后，不得以未经本人同意为由主张收养行为无效。”即使法院撤销钱某的死亡宣告，也不影响收养关系的效力，钱某不得以送养钱甲未经本人同意为由，主张该收养行为无效。

96. 继父女间成立的收养关系是否因继父与生母离婚而自动解除?

【要点提示】

继父或者继母经继子女的生父母同意，可以收养继子女，双方形成养父母子女关系。这种收养关系只能通过协议或者诉讼的方式解除，并不因继父或者继母与继子女的生母或者生父离婚而自动解除。

【典型案例】

王某（男）与张某（女）经相亲认识，于2005年2月登记结婚。婚后，张某带着10岁的女儿王甲与王某共同生活，继父女感情日渐深厚。2006年12月，王某决定收养王甲，并与王甲的生父母签订书面收养协议，办理了相关收养手续。5年后，张某与王某感情不和，二人协议离婚，并约定婚前所带的子女由各自抚养。2019年7月，王某因车祸意外去世，王甲与王某的亲属产生遗产继承纠纷。王甲诉至人民法院，主张自己与王某形成收养关系，请求法院确认其享有对王某的继承权。

在本案的审理过程中存在两种不同意见。一种意见认为，王甲与王某的养父母子女关系建立在王某与张某的婚姻基础之上，二人离婚后，收养关系应当自动解除，王甲无权以存在收养关系为由主张享有继承权。另一种意见则认为，解除收养关系属要式行为，法律仅规定协议解除和诉讼解除两种路径，王甲与王某的收养关系并不会因王某与张某离婚而自动解除，王甲有权以存在收养关系为由主张享有继承权。

【案情分析】

本案的争议焦点是：王甲与继父王某的收养关系是否因王某与张某离婚而自动解除?

首先，《民法典》第1103条规定："继父或者继母经继子女的生父母同意，可以收养继子女，并可以不受本法第一千零九十三条第三项、第一千零九十四条第三项、第一千零九十八条和第一千一百条第一款规定的限制。"本案中，王某经王甲本人及其生父母的同意，与王甲的生父母签订收养协议，并办理了相关收养手续，王甲与王某之间的收养关系依法成立。

其次，《民法典》第1111条规定："自收养关系成立之日起，养父母与养子女间的权利义务关系，适用本法关于父母子女关系的规定；……"同时，《民法典》第1127条规定："遗产按照下列顺序继承：（一）第一顺序：配偶、子女、父母；……本编所称子女，包括婚生子女、非婚生子女、养子女和有扶养关系的继子女。……"收养关系成立后，王甲不仅是王某的继女，还是王某的养女，享有对养父王某的继承权。

最后，也是本案的关键问题，收养关系成立5年后，张某与王某因感情不和而协议离婚后，王甲与王某的收养关系是否将自动解除？《民法典》第1114条规定："收养人在被收养人成年以前，不得解除收养关系，但是收养人、送养人双方协议解除的除外。……送养人、收养人不能达成解除收养关系协议的，可以向人民法院提起诉讼。"收养关系的解除方式仅有协议解除和诉讼解除两种，继父与生母离婚并非收养关系解除的法定情形。本案中，张某与王某协议离婚，双方虽然对子女抚养问题协商一致，但其中并未提及收养协议。此后，张某或王甲也并未因解除收养协议与王某发生过诉讼纠纷，即直至王某死亡为止，王甲与王某的收养关系仍存在。因此，王甲有权以存在收养关系为由，主张对王某享有继承权。

97. 生父母能否以养父母虐待未成年养子女为由解除收养关系？

【要点提示】

养父母在收养未成年养子女后，不履行抚养义务，并且对养子女进行虐待、体罚等行为的，未成年养子女的生父母可以要求解除收养关系。如果养父母不同意，生父母可以向法院起诉请求解除收养关系。

【典型案例】

王甲（男）与林某（女）于2010年2月办理结婚登记手续。婚后夫妻感情很好，但是林某多年不孕，夫妻在很多医院治疗也未能解决问题，于是决定收养一名养子女。正巧邻县的郑某夫妇膝下有个7岁的儿子郑甲，但是夫妻双方都患有严重的慢性疾病，实在是无力抚养郑甲，于是郑某夫妇打算将孩子送养给王甲夫妇。双方于2016年5月在民政局登记，王甲收养郑甲，并且将其改名为王乙。王甲夫妇收养王乙后，精心养育，而且在王乙曾因病休学期间为其看病治疗。但是，好景不长，王甲觉得养子花销太大，并且为其看病就花光了家里的积蓄。夫妻双方经常因为家庭小事争吵，王甲就将气撒在王乙身上，动不动就打骂王乙，经常让其跪在地板上，不让其吃饭。王乙小小年纪就被迫做饭、打扫家里的卫生，林某也纵容王甲将气撒在孩子身上。2020年，郑某夫妇在一次探望中得知王甲夫妇对王乙进行虐待和体罚，便要求解除收养关系，但是王甲不同意，双方未能协商一致。郑某夫妇随即向法院起诉，请求解除收养关系。

【案情分析】

本案的争议焦点是：郑某夫妇能否以王甲夫妇虐待王乙为由解除收养关系？

首先，收养是指自然人依法领养他人子女，与被收养人形成拟制血亲父母子女关系的法律行为。《民法典》第1094条规定："下列个人、组织可以作送养人：……（三）有特殊困难无力抚养子女的生父母。"本案中，郑某夫妇患有严重的慢性疾病，无力抚养郑甲，属于将其送养的法定情形。

其次，《民法典》第1097条规定："生父母送养子女，应当双方共同送养。……"第1101条规定："有配偶者收养子女，应当夫妻共同收养。”郑甲是在其父母确实无力抚养的情况下才被送养给王甲夫妇，而王甲夫妇也是夫妻共同收养郑甲。因此，王甲夫妇与王乙形成拟制血亲父母子女关系。

最后，抚养、教育和保护未成年子女是父母的天职和义务，但是本案中，王甲夫妇作为王乙的养父母，却对王乙进行殴打和体罚，让其跪地板的同时不给其食物，都是虐待养子的行为，王乙不仅未得到抚养，反而身心受害。《民法典》第1114条第2款规定：“收养人不履行抚养义务，有虐待、遗弃等侵害未成年养子女合法权益行为的，送养人有权要求解除养父母与养子女间的收养关系。送养人、收养人不能达成解除收养关系协议的，可以向人民法院提起诉讼。”据此，王乙的亲生父母作为送养人，在王乙被养父母虐待的情形下，有权要求解除收养关系。如果双方未能协商一致，郑某夫妇可以向法院提起诉讼，请求解除收养关系。

98. 养父母与成年养子女关系恶化，能否解除收养关系?

【要点提示】

养父母将养子女抚养至成年后，因养子女疏于对养父母的关心和照顾，导致双方发生矛盾，进而关系恶化，无法共同生活的，养父母可以与养子女协议解除收养关系。如果无法协商一致，养父母可以向法院起诉，请求解除收养关系。

【典型案例】

苗甲和前妻张某于1985年8月办理结婚登记手续，但是双方结婚3年未能生育子女，于是苗甲夫妇在1988年5月收养了苗乙。苗乙的生父为张四，苗甲夫妇虽然没有和张四办理收养手续，但均出于自愿。2005年苗甲的前妻张某去世后，苗甲和第二任妻子赵某结婚。2015年3月，苗甲给苗乙15万元，用于购买一套房屋，房屋所有权人为苗乙。2016年5月，苗乙为还房贷，外出至南方某省会城市打工，从那以后，苗乙每年只有春节时回来，并且开始疏于对苗甲的关心照顾，进而双方发生矛盾。2020年6月，苗甲生了一场大病，请求苗乙回来看望自己，但是苗乙以公司有事为由推脱，苗甲和苗乙关系开始恶化。于是苗甲表示无法与苗乙共同生活，向法院起诉，请求与苗乙解除收养关系。

本案审理过程中存在两种意见。一种意见认为，双方关系虽已恶化，但未达到无法生活的情形，不应当判决解除收养关系。另一种意见认为，苗乙的行为证明其未能尽到赡养义务，现在双方关系恶化，已经无法共同生活，应当判决解除收养关系。

【案情分析】

本案的争议焦点是，苗甲能否以与苗乙关系恶化为由请求解除收养关系？

首先，收养是收养人与被收养人形成拟制血亲父母子女关系的法律行为。收养行为成立后，养父母和养子女之间产生了父母子女间的身份关系和权利义务关系，被收养人和其亲生父母之间的身份关系和权利义务关系终止。养父母要对未成年的养子女负担抚养、教育和保护的义务，养子女在成年后也要对养父母承担赡养义务。本案中，苗甲在1988年将苗乙收为养子，虽然没有办理相关的手续，但是其收养行为发生在《中华人民共和国收养法》实施之前，苗甲收养苗乙并将其养大成人，已经形成了事实上的收养关系。因此苗乙应当对苗甲承担赡养义务。

其次，苗乙在成年之后不仅逐渐疏于对苗甲的关心，而且在苗甲患病需要苗乙回来照顾时拒绝看望，使得双方发生矛盾，进而关系恶化。即使双方不在同一地方生活，但双方仍然属于法律拟制的父母子女关系。苗乙作为苗甲唯一的子女，没有尽到赡养老人的义务，导致无法共同生活。《民法典》第1115条规定：“养父母与成年养子女关系恶化，无法共同生活的，可以协议解除收养关系。不能达成协议的，可以向人民法院提起诉讼。”据此，苗甲可以提出解除与苗乙的收养关系。

最后，收养行为属于民事法律行为，因此，解除收养行为应当符合民事法律行为的要件。《民法典》第143条规定：“具备下列条件的民事法律行为有效：（一）行为人具有相应的民事行为能力；（二）意思表示真实；（三）不违背法律、行政法规的强制性规定，不违背公序良俗。”据此，苗甲和苗乙在解除收养关系时应当符合上述条件。当苗乙不同意解除收养关系，双方不能达成一致意见时，苗甲可以向法院提起诉讼，请求解除收养关系。

99. 成年养子女在解除收养关系后是否应继续向养父母支付生活费?

【要点提示】

养父母将养子女抚养至成年，已经对养子女尽了抚养义务。双方因关系恶化、无法共同生活而解除收养关系后，在养父母缺乏劳动能力和生活来源的情况下，成年养子女应当承担赡养养父母的义务，向养父母给付生活费。

【典型案例】

王某（男）和高某（女）于1970年办理结婚登记手续，但是高某多年未生育，于是王某夫妇便于1974年收养了刚出生的王甲，并视如己出，将其抚养成人。1991年，王甲在王某的帮助下成家立业，王甲夫妇踏实肯干，日子过得安稳，对养父母也算孝顺，关系一直不错。2018年高某去世，王某一人在老屋居住生活。2020年，王某的房屋漏雨，向王甲索要1500元的修理费，王甲称自己暂时没钱，不愿意支付修理费。虽然最后王甲也为养父修好了房屋，但是因为这件事父子俩心存芥蒂，还因为一些小事当着街坊四邻在街上争吵。其后，两个人的矛盾越来越深，关系逐渐恶化，最后断绝了来往。王某心怀怨气，便向王甲提出解除双方之间的收养关系。因王某现在已经上了年纪，膝下无其他子女，又无生活来源，便向法院起诉，请求王某每月支付生活费1000元以供其养老。

【案情分析】

本案的争议焦点是：王甲和王某在解除收养关系后，是否有义务继续向王某支付生活费？

首先，养父母和养子女之间通过收养行为形成了拟制血亲的父母子女关系。本案中，王某夫妇在王甲幼年时将其收养，并且将其抚养至成年，为此付出了大量的精力和心血，双方已经形成拟制血亲的父母子女关系。《民法典》第1115条规定："养父母与成年养子女关系恶化、无法共同生活的，可以协议解除收养关系。不能达成协议的，可以向人民法院提起诉讼。"王某和王甲因为一些生活上的小事出现了矛盾，并且矛盾越来越大，导致关系恶化，无法共同生活，王某可以与王甲协议解除收养关系，如果协议不成，王某还可以向法院起诉解除收养关系。

其次，在拟制血亲父母子女关系中，养父母将养子女抚养成年后，本可以期待在其年老时获得来自养子女的赡养和扶助，但是解除收养关系使得父母子女关系终止，养父母从而不再享有被赡养的权利。因此，为了减少养父母期待利益的损失，《民法典》第1118条规定，养子女对养父母给付生活费，应当符合以下几个要素：第一，养父母已经将养子女抚养至成年，承担赡养义务的主体必须是经养父母抚养至成年的养子女。第二，养父母缺乏劳动能力并且缺乏生活来源。满足上述两个条件，在解除收养关系后，养子女应当向养父母给付生活费。

最后，在本案中，虽然双方的收养关系已经解除，法律拟制的父母子女关系终止，但是王某将王甲抚养至成年是既定的事实。《民法典》第1118条第1款规定："收养关系解除后，经养父母抚养的成年养子女，对缺乏劳动能力又缺乏生活来源的养父母，应当给付生活费。因养子女成年后虐待、遗弃养父母而解除收养关系的，养父母可以要求养子女补偿收养期间支出的抚养费。”王某年事已高又没有劳动能力，并且无生活来源，其将王甲抚养至成年，即使双方收养关系解除，成年后的王甲仍然应当承担赡养王某的义务，向王某给付生活费。

100. 养父母能否以被遗弃为由在解除收养关系后请求养子女补偿抚养费？

【要点提示】

养父母将养子女抚养至成年后，养子女不仅没有履行赡养、扶助养父母的义务，且发生遗弃养父母的情形，致使养父母与养子女解除收养关系的，养父母可以要求养子女补偿收养期间所支出的抚养费。

【典型案例】

赵某（男）和刘某（女）于1980年办理结婚登记手续，于1981年3月生下长子赵甲，1983年5月生下长女赵乙。之后，赵某和刘某因还想要儿子，便于1984年8月收养了次子赵丙。为了抚养赵丙，赵某夫妇付出了大量的关爱、呵护，从赵丙上幼儿园到后来去某市上大学，其间所有的学费、生活费、交通费等都是赵某夫妇支付。赵丙成年之后，赵某夫妇又给其操办婚礼、照顾孩子，耗费了大量的时间和精力。2020年3月，刘某因患急性脑梗死住院，治疗花费近30万元，住院期间赵丙不仅未探望养母，也未打电话关心养母的病情。后来赵某向赵丙索要治疗费，赵丙却以自己没钱为由推脱。从此，赵某夫妇便与赵丙之间产生间隙，关系逐渐恶化。赵丙曾更换门锁，并且阻挠赵某夫妇回家，赵某因此报警。通过多次调解，赵丙仍拒绝赵某夫妇回家居住。因此，赵某认为与赵丙无法共同生活，随后双方经调解解除收养关系，抚养费等其他问题未作处理。之后，赵某以赵丙遗弃养父母为由向法院起诉，请求赵丙补偿抚养费。

【案情分析】

本案的争议焦点是：赵某和赵丙解除收养关系后，赵某是否有权要求赵丙补偿收养期间支出的抚养费?

首先，养父母收养养子女后，双方之间形成拟制血亲父母子女关系，根据《民法典》的相关规定，养父母具有抚养、教育和保护未成年养子女的义务。当养父母将养子女抚养至成年后，养子女应当承担赡养养父母的义务，这也符合权利义务相一致的原则。本案中，赵某和刘某收养赵丙后，将其视为已出，对其极为关爱、呵护，花费了大量的时间和金钱，已经尽到抚养赵丙的义务。

其次，赵丙在赵某和刘某的抚养下长大成人，应当履行赡养、扶助养父母的义务。但是，赵丙却阻挠其养父母回家，并且在养母生病期间不履行赡养义务，使得年事已高的养父母身心受到了伤害，属于遗弃养父母的行为。《民法典》第1115条规定：“养父母与成年养子女关系恶化、无法共同生活的，可以协议解除收养关系。不能达成协议的，可以向法院提起诉讼。”据此，赵某夫妇可以通过协议或起诉解除双方的收养关系。

最后，收养关系解除后，双方的拟制血亲关系不再存在，权利义务关系随之消除。赵某夫妇为抚养赵丙投入了大量的精力和金钱，解除收养关系后，赵某夫妇将无法得到赵丙的赡养。为了弥补养父母所受到的损失，《民法典》第1118条第1款规定：“……因养子女成年后虐待、遗弃养父母而解除收养关系的，养父母可以要求养子女补偿收养期间支出的抚养费。”据此，赵某夫妇可以要求赵丙补偿收养期间支出的抚养费。

后 记

习近平总书记明确指出："民法典要实施好，就必须让民法典走到群众身边、走进群众心里。要广泛开展民法典普法工作，将其作为'十四五'时期普法工作的重点来抓。"除经济生活关系外，家庭生活关系也是民法典重要的规范对象。婚姻家庭与社会大众生活密切相关，婚姻家庭的和睦稳定不仅是维护婚姻家庭个体权益的基本前提，同时也是社会和谐安定的重要保障。

民法典已于2021年1月1日正式施行，因此，及时、准确、全面地向社会大众宣传普及民法典中婚姻家庭立法新的理念、原则和制度，对于保护婚姻家庭成员个人利益，弘扬社会主义核心价值观，促进构建平等、和睦、文明的婚姻家庭关系以及形成与新时代相契合的社会主义婚姻家庭新风尚等均具有重要的指导及教育意义。

本书是2021年度福建省社会科学普及出版资助项目"案说民法典时代的婚姻与家庭（项目编号：FJ2021JHKP007）"的结项成果。旨在透过典型、鲜活、生动的婚姻家庭案例向社会大众宣传普及民法典的最新立法理念、原则与制度，因此在体例设计上遵循理论与实践相统一原则，以案释法，通过典型案例诠释、宣讲立法精神，力争用通俗、简洁、精准的语言宣传好、普及好、实施好民法典。

本书在撰写形式上采用案例分析的形式，体例上分别从"要点提示、典型案例、案情分析"三个维度展开。"要点提示"主要为民法典核心意涵的概要；"典型案例"主要遴选鲜活案例以生动诠释立法场景；"案情分析"主要通过通俗、生动、精准的语言对案例进行逐条分析，宣讲案例中的法理。

本书由本人和本人指导的研究生合作完成。由本人拟定写作思路及写作提纲，在本人的具体指导下，由各位研究生负责撰写案例初稿。根据本人的实质性修改意见，各作者再进行案例修改，如此往复，六易其稿，终成定稿。具体分工如下：康凯悦负责撰写案例1～20、94～96，曹阳负责撰写案例21～40、91～93，吴卓婧负责撰写案例41～50，徐结金负责撰写案例51～60，刘汗青负责撰写案例61～70，蔡超杰负责撰写案例71～90、97～100。黄丽娟负责案例1～35的音频制作，杨紫嫣负责案例36～70的音频制作，陈炜婷负责案例71～100的音频制作。

我们相信，本书的出版，可以为宣传和弘扬我国民法典婚姻家庭立法的新理念新思想提供一定的理论指导，可以成为社会民众了解和学习民法典婚姻家庭新规定的重要参考，可以助力提升民众婚姻法知识素养和法治意识，促进社会形成学法用法的社会主义法治文明新风尚。同时，也可以为福建省法治建设添砖加瓦，推进法治社会的形成和发展。

最后，必须感谢出版社编辑为本书出版付出的心血！限于时间及作者学识水平，书中错漏之处在所难免，期望读者朋友不吝指正。

姜大伟

2023年3月18日

图书在版编目（CIP）数据

案说民法典时代的婚姻与家庭 / 姜大伟主编. --福州 : 福建人民出版社, 2023.10

ISBN 978-7-211-09098-3

Ⅰ. ①案… Ⅱ. ①姜… Ⅲ. ①婚姻法—案例—中国 Ⅳ. ①D923.905

中国国家版本馆CIP数据核字（2023）第083825号

案说民法典时代的婚姻与家庭

ANSHUO MINFADIAN SHIDAI DE HUNYIN YU JIATING

作　　者：姜大伟

责任编辑：陈　宽

责任校对：陈　璟

出版发行：福建人民出版社　　**电　　话**：0591-87604366（发行部）

地　　址：福州市东水路76号　　**邮　　编**：350001

网　　址：http://www.fjpph.com　　**电子邮箱**：fjpph7211@126.com

经　　销：福建新华发行（集团）有限责任公司

印　　刷：福建新华联合印务集团有限公司

地　　址：福州市晋安区福兴大道42号

开　　本：787毫米×1092毫米 1/16

印　　张：12

插　　页：2

字　　数：168千字

版　　次：2023年10月第1版　　2023年10月第1次印刷

书　　号：ISBN 978-7-211-09098-3

定　　价：45.00元

本书如有印装质量问题，影响阅读，请直接向承印厂调换。